Rolf Morrien | Judith Engst
Börse ganz praktisch

Rolf Morrien | Judith Engst

BÖRSE
GANZ PRAKTISCH

Einsteiger fragen, Börsenprofis antworten

Bibliografische Information der Deutschen Nationalbibliothek
Die Deutsche Nationalbibliothek verzeichnet diese Publikation in der Deutschen Nationalbibliografie.
Detaillierte bibliografische Daten sind im Internet über http://dnb.d-nb.de abrufbar.

Für Fragen und Anregungen:
morrien@finanzbuchverlag.de
engst@finanzbuchverlag.de

Originalausgabe
1. Auflage 2014

© 2014 bei FinanzBuch Verlag, ein Imprint der Münchner Verlagsgruppe GmbH,
Nymphenburger Straße 86
D-80636 München
Tel.: 089 651285-0
Fax: 089 652096

Umschlaggestaltung: iStockphoto
Satz: Grafikstudio Foerster, Belgern
Druck: CPI – Ebner & Spiegel, Ulm

ISBN Print 978-3-89879-832-7
ISBN E-Book (PDF) 978-3-86248-494-2
ISBN E-Book (EPUB, Mobi) 978-3-86248-495-9

Weitere Informationen zum Verlag finden Sie unter
www.finanzbuchverlag.de
Beachten Sie auch unsere weiteren Verlage unter:
www.muenchner-verlagsgruppe.de

Inhalt

Vorwort

»Ist die Geldanlage in Aktien nicht zu riskant für Otto Normalverbraucher?« – »Wie kaufe ich Aktien?« – »Wie spare ich Geld beim Fondskauf?« – »Was ist von der Börsenweisheit ›Kaufen, wenn die Kanonen donnern‹ zu halten?« – »Wie komme ich als Aktionär an meine Dividende?« Diese und ähnliche Fragen aus dem Kreis unserer Leser brachten uns auf die Idee zu diesem Buch. Es richtet sich sowohl an Anfänger als auch an erfahrene Anleger, die noch einige praktische Wissenslücken füllen wollen.

Die hier behandelten Fragen sind eine bunte Mischung aus dem Anlegeralltag. Sie beschränken sich nicht auf das absolute Grundwissen, sondern spiegeln sehr vieles wider, was Ihnen im Zusammenhang mit Depot, Wertpapieren, Geldanlage und Börsengeschehen begegnet.

Wir sind sicher: Mit den ganz praktischen, auf den Geldanlage-Alltag zugeschnittenen Antworten werden auch Sie es leichter haben, Geld in Wertpapiere zu investieren. Damit sorgen Sie auch finanziell für eine gute Zukunft vor – eine Vorsorge, die mit Bankkonten, Bausparverträgen und Lebensversicherungen allein sicher nicht zu bewerkstelligen ist.

Judith Engst	Rolf Morrien
Finanz- und	Chefredakteur
Wirtschaftsjournalistin	»Der Depot-Optimierer« und
	»Morriens Einsteiger-Depot«

Börse &
Börsengeschehen

In diesem Kapitel klären wir Grundsatzfragen rund um das Thema Börse und Börsengeschehen.

Was genau ist eine Börse?

Frage: Ich bin beim Thema Geldanlage ein absoluter Einsteiger. Natürlich weiß ich, dass es die Börse gibt, und auch, dass dort Aktien und so weiter gehandelt werden. Aber genau verstanden habe ich das Konstrukt »Börse« trotzdem nicht. Können Sie es mir erklären?

Antwort: Bei der Börse handelt es sich einfach um einen Handelsplatz. Sie können die Börse mit einem Wochenmarkt vergleichen, auf dem sich die Preise für die angebotenen Nahrungsmittel nach Angebot und Nachfrage richten. Genauso sieht es auch bei der Börse aus. Der einzige Unterschied: Hier wird nicht mit Käse oder Gemüse gehandelt. Außerdem stehen die Preise nicht fest, sondern die verschiedenen Anbieter und Nachfrager bestimmen den Preis. An der Börse kaufen Sie statt echten Waren lediglich Wertpapiere, die irgendwelche Rechte verbriefen, also dokumentieren.

Früher waren Wertpapiere tatsächlich noch bedruckte Zettel, heute läuft das alles elektronisch. Aktien verbriefen das Miteigentum an einem Unternehmen. Anleihen wiederum das Recht, geliehenes Geld samt Zinsen zurückgezahlt zu bekommen. Fondsanteile verbriefen Ihnen das Recht auf genau das Gemisch von Gütern oder Wertpapieren, in die der Fonds investiert ist.

Entstanden sind die Börsen, wie wir sie heute kennen, übrigens im 19. Jahrhundert. Über die Börse können sich Unternehmen für geplante Projekte Geld beschaffen. Im Gegenzug beteiligen sie ihre Geldgeber (also die Aktionäre) an ihrem Unternehmen. Zusammenfassend ist eine Börse also ein riesiger Umverteilungsplatz für Geld.

Wofür stehen Bulle und Bär?

Frage: Immer wieder sehe ich im Zusammenhang mit dem Thema Börse Abbildungen von einem Bullen und von einem Bären. Was hat das für eine Bedeutung?

Antwort: Bulle und Bär sind weltweit verbreitete Symbole für die Börse. Vor der Frankfurter Wertpapierbörse stehen die beiden Tierfiguren sogar in Über-Lebensgröße in Bronze gegossen. Der Bulle steht für eine optimistische Stimmung an der Börse mit aufwärtsstrebendem Kursverlauf (»Bullenmarkt«), der Bär steht für eine pessimistische Stimmung mit entsprechend fallenden Kursen (»Bärenmarkt«).

Warum diese beiden Tiere die jeweilige Bedeutung haben, lässt sich leicht merken anhand ihrer Kampftechniken: Der Bulle schleudert mit seinen Hörnern alles nach oben, was sich ihm in den Weg stellt, der Bär dagegen schlägt seine Gegner mit seinen Pranken von oben nach unten nieder. Ganz geklärt ist die Herkunft dieser beiden, international verwendeten Tiersymbole jedoch nicht – es ranken sich zahlreiche Legenden darum, warum ausgerechnet Bulle und Bär die Börsensymbole schlechthin geworden sind.

Ist die Angst vor Börseninvestments begründet?

Frage: Ich habe eine größere Abfindung erhalten und möchte den ersten Schritt an die Börse wagen. Crashs, Spekulationsblasen und Verluste von Bekannten jagen mir allerdings höllische Angst ein. Können Sie mir diese nehmen?

Antwort: Ja, das können wir. Wenn Sie in die Börse einsteigen, merken Sie sich einfach die goldene Regel: Nicht die Börse ist gefährlich, sondern die menschliche Gier und Angst. Die Geschichte hat gezeigt, wohin Spekulationsblasen wie die Dotcom-Blase oder die Subprime-Krise geführt haben. Diese Vorfälle sollten für Sie ein Grund zur Vorsicht, keinesfalls aber zum Zögern sein.

Wenn Sie langfristig und rational investieren, können Ihnen auch zwischenzeitliche Verluste nichts anhaben. Wenn Sie allerdings darauf setzen, innerhalb von sechs Wochen das große Geld einzufahren, setzen Sie sich genau der Gefahr aus, die die bekannten Spekulationsblasen mit sich bringen. Sie sehen also: Die Gier ist gefährlich. Wenn Sie als Anleger gierig handeln, keinen kühlen Kopf bewahren und stattdessen einer Masseneuphorie folgen, setzen Sie sich automatisch der Gefahr aus, Verluste zu erleiden. Ihre Alternative: Bleiben Sie ruhig und investieren Sie weitsichtig. Dann ist die Börse gar nicht so gefährlich, wie die Krisen sie aussehen lassen.

Und da wären wir auch schon beim nächsten Punkt. Der zweite große Feind der erfolgreichen Geldanlage ist die Angst. Wenn Sie eine größere Geldsumme aus Verlustängsten auf ein vermeintlich sicheres Tagesgeldkonto mit 0,5 Prozent Zinsen legen, verlieren Sie – manchmal ohne dass Sie es merken. Denn die Inflation ist höher als die Zinsen, die Ihr Bankguthaben bringt. Das heißt, die Kaufkraft des Geldes nimmt ab – um mehr als Sie durch die Minizinsen hinzugewinnen. Das supersichere Geld auf dem Tagesgeldkonto verliert angesichts dieser Rahmenbedingungen schnell an Wert. Hier sehen Sie, dass die Angst bei Geldanlagen ebenfalls ein schlechter Ratgeber ist. Auch bei Börseninvestments sollten

Sie sich daher nicht von Angst leiten lassen. Sonst bringt Ihr Sicherheits-
bedürfnis Sie um sämtliche Gewinnchancen.

Was sind Spekulationsblasen
und wie entstehen diese?

Frage: Im Zusammenhang mit den Krisen wird häufig von »Blasen« gesprochen. Können Sie mir erklären, was genau damit gemeint ist, und mir
Beispiele nennen?

Antwort: Im Zusammenhang mit den Krisen ist von Spekulationsblasen
die Rede. Sie entstehen in der Regel, weil eine Vielzahl von Anlegern
darauf hofft, in kurzer Zeit das große Geld zu machen. Ein Wertpapier
zu kaufen, zu warten, bis kurz darauf der Kurs steigt, und es dann mit Gewinn zu verkaufen – dieser Wunsch geht aber nur sehr selten in Erfüllung.
An den Börsen – und auch außerhalb – gab es schon unzählige Spekulationsblasen. Doch in der Regel platzten sie und der Traum vom großen
Geld endete mit riesigen Verlusten. Um einige Beispiele zu nennen:

Können Sie sich zum Beispiel an das Wort »Schrottimmobilien« erin-
nern? Das wurde nach dem Platzen der Ostimmobilienblase erfunden.
Nach der Wende wurden mit großer Euphorie Immobilien im Osten
verkauft – außerhalb von Börsen, versteht sich. Der Kauf wurde sogar
noch staatlich durch massive Steuererleichterungen subventioniert. Doch
im Endeffekt stellen sich die angepriesenen Immobilien als unvermietbar
und damit auch als unverkäuflich heraus. Unzählige Deutsche hatten ihr
Geld in diesen Schrottimmobilien versenkt.

Ähnliche Verluste mussten die Anleger in der sogenannten Dotcom-Blase
Ende der 90er-Jahre wegstecken. Damals wurden Mondpreise für jede
noch so kleine Internetklitsche gezahlt. Die erhofften Gewinne blieben in
den meisten Fällen aus, stattdessen gingen viele der Internetfirmen sogar
pleite.

Auf die letzte »Blase« haben Sie mit Ihrer Frage wahrscheinlich abgezielt: Die Subprime-Krise. Bei dieser Spekulationsblase waren es weniger die Privatleute, die sich verspekuliert hatten, sondern vielmehr die Banken. Sie kauften Kredite von amerikanischen Hausbauern auf. Von Häuslebauern, die sich eigentlich gar keine eigene Immobilie leisten konnten. Deren Kredite waren in Millionen von Wertpapieren aufgeteilt worden. Manche Versicherer hatten darüber hinaus noch Versicherungen gegen den Kreditausfall herausgebracht (Credit Default Swaps) und die Risiken, ebenfalls in Wertpapiere verpackt, am Kapitalmarkt verkauft. Das Ganze war so kompliziert aufgebaut, dass sich jeder in der Sicherheit wiegte, todsichere Anleihen zu besitzen, die sich zudem überdurchschnittlich gut verzinsten. Bis auch hier die Blase platzte. Schnell wurde klar, dass zahlreiche Banken hochgiftige Wertpapiere in ihren Depots hatten. Giftig in dem Sinne, dass sie ihnen riesige Verluste einbrachten und überdies das ganze Bankensystem ins Wanken brachten.

Gier frisst Hirn

Spekulationsblasen entstehen immer aus übermäßiger Gier, die die Menschen vergessen lässt, dass jedes Investment auch Verlustrisiken in sich birgt. Lernen können Sie daraus: Sobald Ihnen eine Geldanlage als todsicher und zugleich überdurchschnittlich rentabel angepriesen wird, ist Vorsicht geboten. Zwar können Sie sich vor einem allgemeinen Kursverfall nicht retten, der auf das Platzen einer Spekulationsblase praktisch immer folgt. Bei einem langfristigen Anlagehorizont und soliden Wertpapieren können Sie die Verluste jedoch aussitzen – und sind in einigen Jahren wieder in der Gewinnzone. Schrottimmobilien, Aktien wertloser Internetklitschen und Subprime-Anleihen haben mit einer soliden Geldanlage jedoch nichts zu tun.

Woher kommen starke Schwankungen auch bei soliden Indizes?

Frage: Vor dem ersten Aktienkauf habe ich mir den deutschen Aktienindex DAX über einen längeren Zeitraum angesehen. Ich bin erstaunt.

Wie kann es sein, dass der DAX von 2004 bis 2007 von 4.000 auf 8.000 Punkte gestiegen ist, von 2007 bis 2009 wieder auf 4.000 Punkte gefallen ist und 2009 bis 2013 erneut auf 8.000 Punkte geklettert ist? Das sind riesige Schwankungen, dabei handelt es sich doch um 30 große, solide deutsche Unternehmen.

Antwort: In der Tat sind die Kursschwankungen an der Börse rational zum Teil schwer zu verstehen. Im Boom gibt es eine Übertreibung nach oben, im Crash eine Übertreibung nach unten. Wenn wir genauer hinschauen, wirkt ein doppelter Hebel auf die Aktienkurse.

- Hebel 1: Im Aufschwung wachsen die Gewinne der Unternehmen. Wachsende Gewinne sorgen für steigende Kurse.
- Hebel 2: Im Aufschwung steigt die Stimmung. Je besser die Stimmung an der Börse, desto höhere Bewertungen werden den Aktien zugestanden. Das durchschnittliche Kurs-Gewinn-Verhältnis im DAX kann dann auch von 15 auf 20 steigen. Damit steigt auch der Punktestand des DAX.

Die Hebel wirken aber auch in die andere Richtung:

- Hebel 1: Im Abschwung sinken die Gewinne der Unternehmen. Schrumpfende Gewinne sorgen für fallende Kurse.
- Hebel 2: Im Abschwung verschlechtert sich die Stimmung. Je schlechter die Stimmung an der Börse, desto niedrigere Bewertungen werden den Aktien zugestanden (Risikoprämie). Das durchschnittliche Kurs-Gewinn-Verhältnis im DAX kann dann auch von 15 auf 10 fallen. Damit fällt auch der Punktestand des DAX.

Dieser doppelte Hebel erklärt ganz gut, warum es an der Börse regelmäßig im Konjunkturzyklus zu einer Berg- und Talfahrt kommt. Allerdings sollten Sie auf der positiven Seite stets berücksichtigen: Trotz der gewaltigen kurzfristigen Kursschwankungen ist der langfristige Trend nach oben gerichtet. Aktienkurse steigen langfristig, wie die Beispiele DAX und Dow Jones seit 25 und seit über 100 Jahren zeigen.

Depot & Broker

Wer Wertpapiere kaufen und verkaufen will, braucht ein Depot, um diese zu lagern, und eine Bank, die ihm ein solches Depot anbietet. Rund um diesen Themenkreis drehen sich die Fragen in diesem Kapitel.

Was ist ein Depot?

Frage: Ich bin im Geldanlagebereich völlig unbewandert. Was genau muss ich mir eigentlich unter einem Depot bei der Bank vorstellen?

Antwort: Ein Depot ist eigentlich nichts anderes als ein Lager. Bei einer Bank hat der Begriff »Depot« allerdings eine spezielle Bedeutung. Hier werden nicht Waren oder Rohstoffe gelagert, sondern Wertpapiere. Früher wurden die gedruckten Aktien tatsächlich in Depots gestapelt und ihrem Inhaber zugeordnet. Heute findet die »Lagerung« der Wertpapiere und die Zuordnung zum jeweiligen Inhaber allerdings nur noch elektronisch statt. Das muss sie nicht ängstigen: Die EDV erleichtert den Banken die Arbeit hier enorm, und auch Sie selbst können elektronisch über das Internet auf Ihr Depot und die darin gelagerten Wertpapiere zugreifen.

Was ist ein Broker?

Frage: Immer wieder stoße ich auf den Begriff »Broker«. Was hat es damit auf sich?

Antwort: Der englische Begriff »Broker« (wörtlich übersetzt: »Vermittler«) hat zwei Bedeutungen. Gemeint ist damit zunächst ein Börsenmakler, der sich um die Abwicklung der zahlreichen Wertpapierkäufe und Verkäufe kümmert. Häufiger wird der Begriff heutzutage aber gleichbedeutend mit »Depotbank« verwendet. Ein Broker ist also eine Bank, die ihren Kunden anbietet, ein Wertpapierdepot für sie zu führen und Aktienkäufe sowie -verkäufe zu ermöglichen.

Kann ich mit einem Online-Depot Geld sparen?

Frage: Ein Bekannter sagte mir, ein Online-Depot sei billiger als das Depot bei einer Filialbank. Stimmt das?

Antwort: Da sind Sie richtig informiert. Sie können tatsächlich einige Kostenvorteile nutzen, wenn Sie Ihr Geld bei einem Online-Broker (= Internet-Depotbank) selbst verwalten. Allerdings sollten Sie sich immer das Preis-Leistungs-Verzeichnis eines Online-Brokers genau ansehen, bevor Sie sich für einen entscheiden. Denn auch wenn die Lektüre Sie vielleicht einige Minuten Zeit kostet: Mit dem Preis-Leistungs-Verzeichnis steht und fällt der große Kostenvorteil beim Online-Broking. Wenn die von Ihnen gewählte Internetbank genau da hohe Gebühren verlangt, wo Sie besonders aktiv sind, könnte das teuer für Sie werden.

Überprüfen Sie deshalb im ersten Schritt Ihr eigenes Nutzerverhalten: Ordern Sie zum Beispiel häufig Wertpapiere, ist es wichtig, einen Broker zu wählen, der günstige Transaktionsgebühren anbietet. Sind Sie im Besitz von Auslandsaktien, sollten Sie darauf achten, dass Sie Ihr Depot nicht bei einer Bank unterhalten, die zum Beispiel für den »Kapitaltransfer« von Dividenden ins Inland Geld verlangt. Einige »Billig-Broker« bieten Auslandsbörsen erst gar nicht an. Prüfen Sie daher vor der Depoteröffnung mit dem Blick ins Preis-Leistungs-Verzeichnis, welche Auslandsbörsen im Angebot sind und wie hier die Gebühren ausfallen.

Sichern Sie Ihre Positionen häufig mit Stop-Loss-Marken ab, ist es ratsam, einen Online-Broker zu wählen, der keine monatlichen Gebühren auf »unausgeführte Orders« erhebt. Sonst wird es für Sie teuer. Viele Broker berechnen auch Geld dafür, Ihnen die Eintrittskarten für die Hauptversammlung zuzusenden. Auch diese Angabe finden Sie im Preis-Leistungs-Verzeichnis. Geld sparen können Sie vor allem dann, wenn Sie sich über Ihr eigenes Nutzungsverhalten bewusst sind. Klopfen Sie dann die Preis-Leistungs-Verzeichnisse entsprechend danach ab.

Tipp

Das Preis-Leistungs-Verzeichnis finden Sie auf der Internetseite der jeweiligen Online-Broker. Geben Sie ins Suchfeld »Preise« oder »Preise Leistungen« ein, dann werden Sie in der Regel schnell fündig.

Wie wähle ich den richtigen Broker aus?

Frage: Ich habe mich dazu entschlossen, in die Geldanlage einzusteigen und ein Depot zu eröffnen. Doch das Problem: Die Auswahl der Depotbanken ist so groß, dass ich gar nicht weiß, wofür ich mich entscheiden soll. Können Sie mir helfen?

Antwort: In Deutschland gibt es zahlreiche Depotbanken, auch Broker genannt. Aus Kostengründen empfehlen wir Ihnen einen der günstigen Direkt-Broker. Bei diesen haben Sie zwar keine Filiale vor Ort, dafür können Sie aber einiges an Gebühren sparen und Ihr Depot im Internet verwalten. Direkt-Broker sind beispielsweise:

- ING-DiBa (www.ing-diba.de)
- comdirect (www.comdirect.de)
- Cortal Consors (www.cortalconsors.de)
- DAB (www.dab-bank.de)

- Sparkassen Broker (www.sbroker.de)
- maxblue (www.maxblue.de)
- OnVista Bank (www.onvista.de)

Welcher Broker der richtige ist, kann man leider nicht pauschal sagen, denn die Gebühren und Services ändern sich immer wieder. Und auch das Nutzungsverhalten der einzelnen Anleger unterscheidet sich zum Teil gravierend voneinander. Der eine nimmt Services in Anspruch, die der andere nie braucht. Schon deshalb lohnt es sich, die Gebühren für die einzelnen Dienstleistungen genauer unter die Lupe zu nehmen.

Ein Richtwert für Ihre Entscheidung sollten auf jeden Fall die Depotgebühren sein. Achten Sie darauf, dass Sie einen Broker auswählen, der keine oder allenfalls niedrige Depotgebühren erhebt, sich also nicht eine Grundgebühr für die Lagerung der Wertpapiere zahlen lässt. Schon hier können Sie die infrage kommenden Broker deutlich reduzieren.

Eröffnen Sie dann einfach mal ein Depot bei irgendeinem Broker. Im Laufe der nächsten Monate sehen Sie, welche Gebühren Ihnen in Rechnung gestellt werden. Dann suchen Sie – etwa im Preis-Leistungs-Verzeichnis – andere Broker, bei denen diese Aktionen vielleicht günstiger zu haben sind. Oder Sie rufen dort an und fragen gezielt, was eine Wertpapierorder kostet und welche Gebühren sonst noch anfallen.

Tipp: Brokerwechsel jederzeit kostenfrei möglich

Ein Brokerwechsel ist jederzeit kostenfrei möglich. Wenn Sie nach einem halben Jahr Ihre laufenden Kosten bei Ihrer Bank überprüft haben und einen billigeren Broker finden, wechseln Sie einfach. Das kostet keinen Cent. Denn ein Broker darf für den Depotwechsel überhaupt keine Gebühren erheben. Das hat der Bundesgerichtshof in einem Urteil in den Jahrn 2003 und 2004 (Az.: XI ZR 200/03 und XI ZR 49/04) entschieden. Die Wertpapiere sind Ihr Eigentum, und deshalb haben Sie einen Herausgabeanspruch gegen die Depotbank. Lediglich bei einem Wechsel zu einem ausländischen Broker müssen Sie mit Gebühren rechnen.

Depotgebühren – ein Muss?

Frage: Ich möchte ein Online-Depot eröffnen und habe über einen Bekannten einen Broker gefunden, bei dem 100 Euro Depotgebühren im Jahr anfallen. Wie schätzen Sie dieses Angebot ein?

Antwort: Diese Kosten können Sie sich bei vielen Internetbanken heutzutage sparen. Wenn Sie bei einer normalen Filialbank ein Depot eröffnen wollen, kann es sein, dass man Ihnen dafür eine Jahresgebühr abknöpft. Die Preise für die Kontoführung lagen in der Vergangenheit bei Filialbanken häufig bei mehreren 100 Euro. Allerdings sind auch diese im Laufe der letzten Jahre gesunken. Bei einer Online-Depotbank sind die niedrigen Depotgebühren ein klarer Vorteil. Die meisten Broker verlangen überhaupt keine Gebühren mehr für die Depotführung. Deshalb gilt für Sie: Depotgebühren sind ein klarer Kostensparpunkt. Suchen Sie deshalb nach einem Anbieter, der Ihnen keine Depotgebühren abknöpft.

Kostenfreie Depotführung – ist das eine Falle?

Frage: Ich habe gerade in einer Online-Werbeanzeige einen Broker gefunden, der ein Konto bei kostenfreier Depotführung anbietet. Muss ich da mit Fallen rechnen?

Antwort: Nicht unbedingt. Aber die kostenfreie Depotführung ist natürlich ein Lockangebot. Die Depotbank will trotzdem Geld mit Ihnen verdienen. Wichtig: Lesen Sie erst das Kleingedruckte. Ist die Depotführung erst ab einem Mindestdepotwert von 20.000 Euro kostenfrei oder an eine Mindestorderanzahl im Halbjahr gebunden, lassen Sie besser die Finger davon. Zudem gilt: Sehen Sie sich zusätzlich an, was eine Wertpapierorder kostet und welche Gebühren für sonstige Leistungen in Rechnung gestellt werden. Nur wenn der Broker auch da nicht übermäßig teuer ist, kommt sein Angebot infrage.

Wie eröffne ich ein Depot?

Frage: Ich möchte den Schritt ins Börsenleben wagen. Können Sie mir beschreiben, wie ich bei der Depoteröffnung richtig vorgehe?

Antwort: Ein Depot eröffnen Sie entweder, indem Sie sich direkt persönlich an Ihre Bank wenden und dort die Eröffnung mit einem der Berater vornehmen. Den Gang zur Bank können Sie sich allerdings auch sparen. Denn diverse Broker bieten ihre Dienste auch online und per Telefon an. Mit diesem Service können Sie Ihre Börsengeschäfte ganz bequem von zu Hause aus abwickeln. Die Depoteröffnung ist überhaupt nicht schwierig.

Auf den Internetseiten des jeweiligen Brokers finden Sie einen Eröffnungsantrag und das Formular für das Postident-Verfahren. Der schnellste Weg ist, sich diese Dokumente einfach selbst auszudrucken. Alternativ können Sie diese auch telefonisch anfordern. Dann wird der Antrag Ihnen kostenfrei per Post zugeschickt. Mit dem vollständig ausgefüllten Antrag gehen Sie samt Personalausweis oder Pass zur nächsten Postfiliale. Hier weisen Sie über das Postident-Verfahren Ihre Identität nach. Am Postschalter müssen Sie nur noch den Personalausweis vorzeigen und eine Unterschrift leisten. Den Rest erledigt der Postmitarbeiter. Er füllt das Postident-Formular aus und schickt es dann zusammen mit den übrigen Eröffnungsunterlagen direkt an die Depotbank. Die anfallenden Kosten trägt in aller Regel die Depotbank.

Es dauert einige Tage, dann bekommen Sie – ebenfalls postalisch – Bescheid, dass Ihr Depot jetzt eingerichtet wurde. Außerdem erhalten Sie – meist in mehreren Briefen – Ihre Zugangsdaten, also den Zugang zu Ihrem Online-Depot und ein Passwort für die Orderaufgabe per Fax oder Telefon. Wenn Sie diese Schritte alle vollzogen haben, sind Sie Inhaber eines Wertpapierdepots.

Tipp: Freistellungsauftrag nicht vergessen

Eines sollten Sie im eigenen Interesse noch tun, bevor Sie loslegen: Füllen Sie einen Freistellungsauftrag aus. Denn normalerweise sind Kapitalerträge nicht steuerfrei, sondern unterliegen der Abgeltungssteuer, also einer Steuer, die auf Kapitalerträge anfällt. Die Bank zieht die Steuern automatisch von Ihren Erträgen ab und leitet sie ans Finanzamt weiter. Aber eigentlich dürfen Sie laut Gesetz als Einzelperson einen bestimmten Betrag (»Sparerpauschbetrag«) steuerfrei einnehmen. Damit die Bank davon keine Steuern einbehält und an den Fiskus weiterleitet, brauchen Sie einen Freistellungsauftrag. Die Bank hält die Formulare dazu bereit. Falls nicht, finden Sie diesen aber auch online. Falls Sie mehrere Depots und Konten bei verschiedenen Banken haben, brauchen Sie mehrere Freistellungsaufträge – nämlich einen für jede Bank. Teilen Sie dann den Sparerpauschbetrag so auf, dass die voraussichtlichen Einkünfte bei jeder Bank möglichst voll ausgeschöpft werden.

Warum bekomme ich zum Depot ein Verrechnungskonto?

Frage: Ich habe vor Kurzem ein Depot eröffnet. Wenn ich mich jetzt einlogge, sehe ich noch ein weiteres Konto. Was hat es damit auf sich?

Antwort: Wundern Sie sich nicht. Das ist bei der Depoteröffnung ganz normal. Sie bekommen nicht nur ein Depot, sondern zugleich auch noch ein Konto bei der betreffenden Depotbank. Dabei handelt es sich um das sogenannte Verrechnungskonto. Darüber laufen alle Wertpapierkäufe und -verkäufe, die Sie tätigen. Beim Kauf eines Wertpapiers wird der Kaufpreis mitsamt Ordergebühren dort abgebucht. Beim Verkauf werden Ihnen die Erlöse abzüglich der Ordergebühren auf dem Verrechnungskonto gutgeschrieben. Auf das Verrechnungskonto überweist Ihnen die Depotbank außerdem die Dividenden, Zinsen und sonstigen Erträge, die Ihre Wertpapiere laufend abwerfen. Sie werden feststellen: Im Laufe der Zeit kommt dabei eine ganze Menge zusammen.

Aber Vorsicht: Das Verrechnungskonto erspart Ihnen kein Girokonto

Das Verrechnungskonto ist allerdings kein Girokonto. Das heißt, es sind nur wenige Verfügungen möglich: Meist können Sie nur Überweisungen auf ein einziges anderes Konto vornehmen, das Sie vorher festlegen. Zum Beispiel auf Ihr Girokonto bei einer anderen Bank. Lastschriften, Scheckeinlösungen, Daueraufträge, Überweisungen an sonstige Empfänger und Abhebungen sind in der Regel nicht möglich. Aber das ist auch gut so. Denn auf diese Weise ist die Betrugsgefahr gering. Sollte ein Gauner sich je Ihre Zugangsdaten erschleichen, kann er sich dann nicht einfach Geld von Ihrem Verrechnungskonto holen.

Orderaufgabe

Verwirrend ist die Vielzahl an Eingaben, die Sie beim Kauf oder Verkauf von Wertpapieren machen müssen. Das folgende Kapitel behandelt Fragen, die uns im Laufe der Zeit in diesem Zusammenhang gestellt wurden.

Online-Depot – wie komme ich an meine Daten?

Frage: Ich bin mit dem Internet nicht besonders vertraut. Allerdings hat meine Tochter mir jetzt ein Depot bei einem Online-Broker angelegt und ist der Meinung, ich müsse lernen, damit umzugehen. Können Sie mir ein paar Tipps geben, wie ich im Internet an mein Depot herankomme?

Antwort: Eines vorab: Sie sind mit dieser Befürchtung und Unsicherheit nicht allein. Viele Anleger und Börseninteressierte gehen davon aus, dass der Börsenhandel über einen Online-Broker kompliziert sei. Doch seien Sie beruhigt: Das ist nicht der Fall.

Im ersten Schritt rufen Sie die Internetseite Ihres Online-Brokers auf. Zum Beispiel www.comdirect.de. Anschließend klicken Sie auf den Reiter »Persönlicher Bereich«, über den Sie zu Ihrem Depot und Verrechnungskonto gelangen. Hier melden Sie sich an (dieser Vorgang wird auch »Einloggen« genannt). Die dafür notwendigen Zugangsdaten haben Sie per Post von Ihrem Broker erhalten. Meist brauchen Sie eine Zugangsnummer und zusätzlich eine PIN zur Anmeldung. Mit der Eingabe dieser Daten werden Sie in Ihren persönlichen Bereich weitergeleitet. Jetzt können Sie Ihr Depot und Ihr Verrechnungskonto aufrufen und haben

Zugriff auf alle Dokumente, die Sie vom Broker erhalten. Auch Wertpapiere können Sie dort kaufen und verkaufen, indem Sie auf den Button »Order« klicken.

Wie verkaufe ich meine geerbten Aktien?

Frage: Ich habe Aktien geerbt. Aber wo kann ich sie verkaufen und wer kauft sie?

Antwort: Wenn Sie das Aktiendepot bei einem Online-Broker haben, können Sie die Position in Ihrem Depot anklicken und auf »Verkauf« drücken. Dann müssen Sie unter anderem angeben, welche Stückzahl Sie verkaufen möchten (alle oder eine Teilmenge), ob Sie einen Mindestpreis beim Verkauf erzielen wollen (Verkaufslimit), wie lange die Verkaufsorder gültig sein soll und über welche Börse Sie verkaufen möchten. Einzelheiten zur Orderaufgabe erfahren Sie in der Antwort zur nächsten Frage.

Wenn die Aktien bei einer Filialbank liegen, können Sie Ihrem Bankberater einfach mitteilen, dass Sie sie verkaufen möchten. Er benötigt dann ebenfalls die oben genannten Daten. Wer dann Ihre Aktien kauft, werden Sie nie erfahren. Der Handel läuft über die Börse. Käufer und Verkäufer haben keinen direkten Kontakt.

Wie kaufe ich Wertpapiere?

Frage: Ich möchte meine ersten Wertpapiere kaufen. Können Sie mir sagen, wie ich dabei vorgehe?

Antwort: Wertpapiere werden in der Fachsprache nicht gekauft, sondern »geordert«. Das englische Wort »Order« heißt übersetzt »Anforderung«, »Anweisung« oder »Bestellung«. Bezeichnenderweise heißt nicht nur der Kauf »Order«, sondern auch der Verkauf. Es gibt also zwei unterschiedliche Ordertypen, nämlich die Kauforder und die Verkaufsorder.

Wenn Sie Ihre ersten Wertpapierkäufe vornehmen möchten, ist die wichtigste Voraussetzung: Sie benötigen genug Geld auf Ihrem Verrechnungskonto. Angenommen, Sie möchten für 3.000 Euro Aktien kaufen. Um das zu tun, sollten Sie im ersten Schritt Geld von Ihrem Girokonto auf Ihr Verrechnungskonto überweisen. Wenn Sie zum ersten Mal eine Wertpapierorder aufgeben, sind Sie vielleicht zunächst überfordert. Doch Sie müssen nur einige wenige Eingaben machen, bevor die Depotbank für Sie das gewünschte Wertpapier kauft (oder verkauft). Aber lassen Sie uns Schritt für Schritt die Ordermaske durchgehen. Am besten Sie legen sich immer schon alle relevanten Daten bereit, bevor Sie eine Order aufgeben. Dann dauert das Ausfüllen nur wenige Minuten.

1. Schritt: WKN oder ISIN eingeben

Jedes Wertpapier hat eine eindeutige Nummer. Zu Beginn Ihrer Order müssen Sie definieren, was genau Sie kaufen wollen. Sie können beispielsweise nicht einfach eingeben »Siemens-Aktien«, sondern für jedes Wertpapier, das an der Börse gehandelt wird, gibt es eine Nummer, mit der es sich eindeutig identifizieren lässt. Eigentlich sind es sogar zwei Nummern: eine nationale und eine internationale.

Bei deutschen Depotbanken können Sie auswählen, welche Sie in die Ordermaske eingeben. Die nationale heißt WKN (»Wertpapierkennnummer«). Es handelt sich dabei um eine sechsstellige Kombination aus Ziffern und Buchstaben, manchmal auch um reine Zahlenkolonnen. Die Entsprechung in der Schweiz heißt übrigens »Valorennummer«.

Die internationale Nummer heißt »International Security Identification Number« (übersetzt: internationale Wertpapier-Identifikationsnummer). Die entsprechende Abkürzung lautet ISIN. Die ISIN beginnt stets mit zwei Buchstaben, die für das Land stehen, in dem das betreffende Wertpapier aufgelegt, also emittiert wurde. DE etwa steht für Deutschland, CH steht für die Schweiz, NO steht für Norwegen, LU steht für Luxemburg und US für die USA. Anschließend folgen zehn Ziffern und / oder Buchstaben.

WKN oder ISIN finden Sie in jeder Anlegerpublikation, im Kursteil
Ihrer Zeitung und auch auf Internet-Finanzportalen wie www.gevestor.
de, www.handelsblatt.com oder www.finanzen.net. Sie geben einfach den
Namen der Aktie oder Anleihe bei Ihrem Broker in eine Suchfunktion
ein. Er sucht Ihnen dann die passende WKN oder ISIN heraus. Manchmal finden sich zu einer Aktie mehrere WKN- und ISIN-Angaben.
Dann nehmen Sie üblicherweise die liquideste, das heißt, die am häufigsten gehandelte Aktie. Sie ist oft mit einem roten Punkt markiert oder
sonst irgendwie hervorgehoben. Sobald Sie die WKN oder ISIN in Ihre Ordermaske eingeben, zeigt der Broker den Namen des betreffenden
Wertpapiers an. Mit dieser Eingabe haben Sie exakt festgelegt, welches
Wertpapier Sie wollen.

2. Schritt: Stückzahl eingeben

Im nächsten Schritt müssen Sie sich Gedanken darüber machen, wie viele
Aktien Sie eigentlich kaufen wollen. Am besten teilen Sie den Betrag, den
Sie anlegen möchten, durch den aktuellen Kurs der Aktie, die davon gekauft werden soll. Das Ergebnis geben Sie – ohne Nachkommastellen – in
das Feld ein, in dem nach der Stückzahl gefragt wird. Was bei Aktien die
Stückzahl, ist bei Anleihen der Nominalbetrag. Dort schreiben Sie ganz
einfach hinein, welchen Betrag Sie in die betreffende Anleihe investieren
möchten.

3. Schritt: Handelsort oder Handelsplatz eingeben

Ihre Depotbank führt Ihre Order nicht selbst aus. Sie übermittelt sie
an einen Handelsplatz (die Order wird dahin »geroutet«, heißt es in der
Fachsprache). Die meisten Handelsplätze sind Börsen. Davon gibt es in
Deutschland eine ganze Reihe. Daneben gibt es aber auch noch außerbörsliche Handelsplätze. Das ist entweder bei Fonds die Kapitalanlagegesellschaft, abgekürzt KAG, sprich: die Fondsgesellschaft selbst. Zudem
gibt es auch noch den außerbörslichen Direkthandel, über den Banken

ihre Wertpapierbestände auf- oder abbauen. An welchem Ihr Wertpapier ge- oder verkauft wird, ist allein Ihre Entscheidung. Ihre Entscheidung hat drei Konsequenzen:

- Vom Handelsplatz hängt der Kurs ab, den Sie erhalten. Im Zweifelsfall entscheiden Sie nach dem Spread, wo Sie ordern. Der Spread ist der Unterschied zwischen An- und Verkaufskurs. Je geringer der Spread, desto günstiger ist die Order für Sie. Oder anders gesagt: Bei einem Kauf nehmen Sie diejenige Börse mit dem niedrigsten Kurs, bei einem Verkauf diejenige Börse mit dem teuersten Kurs. Sie sollten aber darauf achten, dass die Kursdaten nicht schon veraltet sind, weil die letzte Transaktion an der jeweiligen Börse schon länger zurückliegt.
- Vom Handelsplatz hängt außerdem ab, welche Transaktionsgebühren Sie zahlen. Zwar erhebt Ihr Broker feste Gebühren. Aber die Provision, die etwa eine Börse bei jeder Order bekommt, variiert von Handelsplatz zu Handelsplatz. Hier gilt: Die elektronische Börse Xetra ist meist günstiger als andere Börsen.
- Bei Wertpapieren mit Hebel, die ihren Kurs rasch ändern können, zum Beispiel Hebelzertifikate oder Optionsscheine, ist auch die Ausführungsgeschwindigkeit wichtig. Auch hier gibt es Unterschiede zwischen den einzelnen Handelsplätzen.

Den Handelsplatz können Sie ganz einfach in der Ordermaske über ein Klappmenü auswählen. Fragt sich natürlich, wann Sie welchen Handelsplatz nehmen. In aller Regel wählen Sie am besten eine Börse aus. Mehr dazu finden Sie bei der Frage: »Wie finde ich den richtigen Handelsplatz?«

4. Schritt: Order abschließen

Wenn Sie alle Daten eingegeben haben, klicken Sie auf »Weiter« und erhalten dann noch einmal eine Übersicht über Ihre Angaben. Dann bestätigen Sie diese mit der TAN (Transaktionsnummer), die der Broker automatisch abfragt. Diese finden Sie in einer Liste. Welche Nummer Sie eingeben müssen, gibt der Broker bei der Abfrage der TAN an. Er verlangt beispielsweise die TAN Nr. 14 zum Abschluss der Order. Diese suchen Sie dann aus der Liste heraus. Manche Broker schicken Ihnen diese Nummer auch auf Ihr Handy. In diesem Fall klicken Sie zunächst auf »TAN anfordern« und finden Sie kurz darauf im SMS-Posteingang auf Ihrem Mobiltelefon.

Nach erfolgreicher Eingabe der TAN erhalten Sie eine Orderbestätigung. Ausgeführt ist sie allerdings erst, wenn der Broker den Status »ausgeführt« auch anzeigt. Steht dort nur »geroutet«, dann befindet sie sich noch unausgeführt in der Warteschlange des jeweiligen Handelsplatzes. Dann kann es noch eine gewisse Zeit dauern, bis der Wertpapierkauf oder -verkauf erledigt ist.

Fehlermeldung erhalten? Das sind die häufigsten Gründe

Es kann sein, dass Sie die Order nicht abschließen können, sondern eine Fehlermeldung bekommen. Das hat meistens einen der folgenden Gründe:

- Das Geld auf dem Verrechnungskonto reicht nicht aus. Denken Sie daran, dass zum Kaufpreis die Ordergebühren noch hinzukommen. Falls Sie diese vergessen haben sollten, korrigieren Sie die Stückzahl einfach nach unten, bis Sie keine Fehlermeldung mehr erhalten.

- Die Stückzahl stimmt nicht. Eine Verkaufsorder können Sie nur aufgeben, wenn sich das betreffende Wertpapier auch wirklich in ausreichender Stückzahl in Ihrem Depot befindet. Haben Sie versehentlich eine zu hohe Stückzahl eingegeben, müssen Sie sie erst nach unten korrigieren, damit die Orderaufgabe klappt.

- Es besteht noch eine unausgeführte Verkaufsorder über dieselben Wertpapiere. Denn es gibt Orders, beispielsweise »Stop-Loss-Orders«, die nur unter bestimmten Bedingungen ausgeführt werden und unausgeführt bleiben, solange diese Bedingungen nicht erfüllt sind. Steht eine solche Order noch unausgeführt im Orderbuch, müssen Sie diese erst löschen, bevor Sie eine neue Verkaufsorder über dieselben Wertpapiere aufgeben. Da liegt übrigens meistens auch der Hase im Pfeffer, wenn der Broker die Stückzahl oder den Nominalbetrag automatisch auf die Zahl 0 korrigiert.

Wie (ver)kaufe ich Aktien direkt über die Börse?

Frage: Ich habe gelesen, dass ich Aktien direkt über die Börse handeln soll. Wie geht das genau?

Antwort: Die Formulierung »direkt über die Börse« trifft es nicht ganz genau. Sie müssen vorher einen Zwischenschritt einlegen. Sie können als Privatperson nicht direkt über eine Börse handeln. Das kann nur Ihre Depotbank. Die Reihenfolge ist so:

- Im 1. Schritt müssen Sie ein Wertpapierdepot bei einer Bank eröffnen.
- Im 2. Schritt können Sie dann über Ihre Bank eine Aktie kaufen oder verkaufen und dabei den Börsenplatz (zum Beispiel Frankfurt) festlegen.

Sie bestimmen also in der Tat den Börsenplatz, ordern aber stets über Ihre Depotbank und nicht direkt an der Börse.

Warum darf ich bestimmte Wertpapiere nicht kaufen?

Frage: Seit einigen Monaten bin ich an der Börse aktiv. Bisher habe ich nur Aktien gekauft. Das ging bei meiner Bank reibungslos. Jetzt wollte ich zum ersten Mal ein spekulatives Zertifikat kaufen. Meine Bank hat mir das nicht erlaubt. Ist dieses Verbot korrekt?

Antwort: So, wie Sie den Fall schildern, handelt es sich wahrscheinlich um folgendes Problem: Sie sind Börseneinsteiger und besitzen noch nicht die sogenannte Termingeschäftsfähigkeit. Ihre Bank darf Ihnen nicht jedes Wertpapier verkaufen. Grob vereinfacht müssen die Wertpapiere zu Ihrer Börsenerfahrung und zu Ihrer finanziellen Situation passen. Aktien und Anleihen können auch Einsteiger kaufen, bei spekulativen Zertifikaten oder Optionsscheinen mit Hebelwirkung wird ein Veto eingelegt. Diese Überprüfung der Termingeschäftsfähigkeit dient dem Anlegerschutz.

Theoretisch gibt es feste Regeln, an die sich eine Bank halten muss. In der Praxis ist es aber so, dass jeder Bankberater die Regeln etwas anders auslegt. Einige Bankberater stufen Sie relativ schnell in eine höhere Risikostufe (= mehr Wertpapierkäufe möglich), andere sind da sehr zurückhaltend.

Es lässt sich nicht sagen, welcher Weg besser ist. Einige Bankberater sind bewusst streng und verbieten Ihnen bestimmte Wertpapiergeschäfte, weil sie Sie und Ihr Vermögen vor zu hohen Risiken schützen wollen. Andere Berater haben weniger lobenswerte Motive. Diese Berater blocken möglichst viele Anlageideen der Kunden ab, damit diese irgendwann frustriert aufgeben und die Vorschläge des Bankberaters umsetzen (diese sind dann oft mit hohen Provisionen für die Bank verbunden).

Empfehlung: Klären Sie die offenen Punkte mit Ihrer Depotbank

Sprechen Sie schon bald nach der Depoteröffnung mit Ihrer Bank und klären dabei auch die offenen Punkte bei der Termingeschäftsfähigkeit. Sie werden wahrscheinlich schnell merken, welche Motive der Berater hat und können dann die Konsequenzen ziehen (bis hin zum Bankwechsel).

Was besagen die Orderarten »Stop Market«, »Limit«, »Bestens« oder »Billigst«?

Frage: Bei der Orderart habe ich die Wahl zwischen verschiedenen Möglichkeiten. Laut Klappmenü in meinem Orderformular kann ich hier »Stop Market«, »Limit«, »Bestens« oder »Billigst« wählen. Was bedeutet das alles?

Antwort: Mit der Orderart präzisieren Sie, wann beziehungsweise zu welchem Preis das angegebene Wertpapier ge- oder verkauft werden soll.

Was besagen die Orderarten »Stop Market«, »Limit«, »Bestens« oder »Billigst«?

35

»Billigst« oder »bestens«

Mit der Orderart »billigst« oder »bestens« geben Sie der Börse die Erlaubnis, Ihr Wertpapier zur aktuellen Kursfeststellung zu kaufen oder zu verkaufen. Sprich, Sie machen keine Vorgaben in Bezug auf den Kauf- oder Verkaufskurs. Diese Orderart empfiehlt sich bei Standard- und häufig gehandelten Nebenwerten. Bei selten gehandelten Nebenwerten dagegen empfiehlt sie sich nicht. Hier ist eine Order mit »Limit« meistens besser (siehe unten).

»Stop Market«

»Stop Market« ist die Sammelbezeichnung von »Stop Buy« (bei Kauforders) und »Stop Loss« (bei Verkaufsorders).

- Mit »Stop Buy« legen Sie bei Kauforders fest, dass das gewünschte Wertpapier erst gekauft wird, wenn der Kurs eine von Ihnen eingegebene Schwelle berührt oder überschritten hat. Genutzt wird diese Orderart für das richtige Timing, also den richtigen Kaufzeitpunkt. Es kann passieren, dass eine Aktie sehr lange auf einem Kursniveau verharrt. Wenn dann plötzlich die Nachfrage anspringt und der Kurs steigt, sind Sie von Anfang an dabei. Beispiel: Angenommen, der aktuelle Aktienkurs liegt bei 98 Euro, das Stop-Buy-Limit bei 100 Euro. Steigt der Aktienkurs auf 100 Euro oder höher, erfolgt automatisch der Kauf der Aktie.
- Bei »Stop Loss« legen Sie bei Verkaufsorders fest, dass das gewünschte Wertpapier verkauft wird, wenn der Kurs eine von Ihnen eingegebene Schwelle berührt oder unterschritten hat. Diese Orderart wird oft zur Verlustbegrenzung genutzt, weil bei stark fallenden Kursen automatisch verkauft wird. Aber Achtung: So ganz funktioniert das nicht. Mehr dazu erfahren Sie im Kapitel »Risikomanagement & Verlustbegrenzung«. Beispiel: Angenommen, der aktuelle Aktienkurs liegt bei 98 Euro, das Stop-Loss-Limit bei 90 Euro. Fällt der Aktienkurs auf 90 Euro oder tiefer, erfolgt automatisch der Verkauf der Aktie.

- Seit einiger Zeit gibt es zusätzlich den »Trailing Stop-Loss«, bei dem das Stop-Loss-Limit automatisch an steigende Kurse angepasst wird. Den Abstand zum aktuellen Kurs können Sie entweder in Euro oder in Prozent angeben. Diese Möglichkeit bieten jedoch noch nicht alle Börsenplätze.

Beipiel 1: Der aktuelle Aktienkurs liegt bei 100 Euro. Sie haben bei Ihrer Trailing-Stop-Loss-Order einen Abstand von 10 Euro festgelegt. Somit liegt der Trailing Stop (die Stop-Loss-Marke) zunächst bei 90 Euro. Steigt der Aktienkurs allerdings auf 105 Euro an, wird der Trailingstop automatisch auf 95 Euro angehoben.

Beispiel 2: Der aktuelle Aktienkurs liegt bei 100 Euro. Sie haben bei Ihrer Trailing-Stop-Loss-Order einen Abstand von 10 Prozent festgelegt. Der Trailing Stop (die Stop-Loss-Marke) liegt zunächst bei 90 Euro. Steigt der Aktienkurs auf 105 Euro, wird der Trailing Stop auf 94,50 Euro angehoben.

»Limit«

Was wollen Sie höchstens für das gewünschte Wertpapier ausgeben? Was wollen Sie bei einem Verkauf mindestens dafür bekommen? Festlegungen dazu treffen Sie, indem Sie ein Limit definieren. Das empfiehlt sich vor allem bei selten gehandelten Aktien. Sie sollten aber wissen: Unterschreitet Ihr Limit bei einem Kauf den aktuellen Börsenkurs, so bleibt Ihre Order unausgeführt. Dasselbe gilt auch bei einem Verkauf, falls Ihr Limit höher ist als der aktuelle Börsenkurs. Dann wird der Verkauf zunächst nicht durchgeführt.

Stop-Market- und Limit-Orders sind nachrangig

Wer bei der Orderart »Stop Market« oder »Limit« eingibt, sollte wissen: Seine Order wird nachrangig ausgeführt. Das heißt: Sie kommt erst an die Reihe, wenn vorher alle Orders der Art »billigst« oder »bestens« (also ohne Stop Market oder Limit) ausgeführt sind.

Anleihenkauf: Warum bekomme ich andauernd Fehlermeldungen?

Frage: Ich möchte Anleihen kaufen und bekomme ständig Fehlermeldungen. Woran liegt das?

Antwort: Beim Kauf von Anleihen sind Fehlermeldungen leider recht häufig. Das kann verschiedene Ursachen haben:

• Mindeststückelung: Viele Anleihen sind nur ab einer bestimmten Mindeststückelung zu haben, beispielsweise für 5.000 Euro. Wenn Sie bei einer solchen Anleihe weniger als 5.000 Euro eingeben – zum Beispiel 4.000 Euro, bekommen Sie eine Fehlermeldung.
• Stückzinsen: Beim Anleihenkauf müssen Sie auch die sogenannten Stückzinsen berücksichtigen. Zinsen, die Sie bei der nächsten Ausschüttung als Anleiheninhaber bekommen werden, erstatten Sie als Käufer zeitanteilig an den Verkäufer zurück. Er erhält also, wenn Sie die Anleihe kaufen, schon direkt einen Teil der nächsten Zinsausschüttung von Ihnen. Das heißt, eine Anleihe, die eigentlich für 5.000 Euro zu haben ist, kann schon mal 5.200 Euro kosten, wenn die nächste Zinsausschüttung nicht mehr fern ist.
• Zu wenig Geld auf dem Verrechnungskonto: Wenn auf Ihrem Verrechnungskonto weniger Geld ist, als Sie für die Anleihe ausgeben wollen, müssen Sie erst Geld von Ihrem Girokonto darauf überweisen. Auch daran kann es liegen, dass Sie eine Fehlermeldung erhalten.

Flatrate für Orders – ist das ratsam?

Frage: Ich bin gerade auf der Suche nach dem idealen Broker für mich. Manche bieten für die Wertpapierorder eine Flatrate an. Andere einen festen Sockelbetrag und dann zusätzliche variable Kosten. Für welche Variante sollte ich mich entscheiden?

Antwort: In aller Regel sind Festpreise (also eine »Flatrate« für Orders) die günstigere Variante. Das gilt vor allem dann, wenn Sie zu den aktiven Anlegern gehören. Hier sollten Sie unbedingt auf die Höhe der Gebühren und auch der Flatrate achten. Denn zu hohe Ordergebühren verteuern Ihre Wertpapierkäufe. Der variable Anteil, der auf den festen Sockelbetrag noch zusätzlich abgerechnet wird, hängt prozentual von der Höhe der Transaktionen ab. Einige Broker verlangen für Optionsscheine, Zertifikate und Hebelprodukte noch einmal eine Extragebühr. Darauf können Sie als aktiver Anleger mithilfe einer Flatrate verzichten. Diese sollte aber auch nicht zu hoch sein! Vergleichen lohnt sich hier auf jeden Fall.

Ordergebühren im Direkthandel günstiger – wo ist der Haken?

Frage: Der Online-Broker, bei dem ich ein Depot eröffnen möchte, bietet einen Festpreis beim Direkthandel, der deutlich unter den Ordergebühren für den Handel an Börsenplätzen liegt. Wo ist der Haken?

Antwort: Es kommt häufig vor, dass Banken ihren Kunden günstigere Transaktionsentgelte beim außerbörslichen Direkthandel (= Sekundenhandel) anbieten. Damit haben Sie dann vermeintlich bessere Konditionen als beim Wertpapierhandel über eine Börse. Der Direkthandel ist eine außerbörsliche Handelsplattform, über den Banken ihre eigenen Wertpapierbestände auf- und abbauen oder Wertpapiere anbieten, die sie selbst emittiert, also herausgegeben haben.

Achtung: Kurse überprüfen

Nehmen Sie unbedingt einen Kursvergleich vor, bevor Sie sich auf das Angebot einlassen. Das heißt, schauen Sie nach, ob der im Direkthandel gebotene Kurs nicht zu Ihren Ungunsten von den Börsenkursen abweicht. Diese Gefahr besteht vor allem bei Aktien. Hier bietet der Direkthandel oft schlechtere Preise als eine Börse. Die günstigeren Ordergebühren nutzen Ihnen dann wenig.

Außerdem gibt es für den Direkthandel keine Handelsüberwachungsstelle wie im Börsenhandel. Läuft mit der Orderabwicklung irgendetwas schief, können Sie als Anleger nicht einschreiten. Beim Handel an einer Börse können Sie dagegen stets die Handelsüberwachungsstelle bitten, die rechtmäßige Ausführung Ihrer Order zu überprüfen. Von dieser Möglichkeit sollten Sie auch Gebrauch machen, sobald der Kurs deutlich von den ansonsten (an anderen Börsen) gestellten Kursen abweicht.

Wie finde ich den richtigen Handelsplatz?

Frage: Ich möchte Aktien kaufen. Welchen Börsenplatz empfehlen Sie?

Antwort: In den meisten Fällen bietet es sich an, den Börsenplatz zu wählen, an dem die Aktie am häufigsten gehandelt wird. Diese Information können Sie relativ einfach erhalten. Eine Informationsquelle ist zum Beispiel die Internetseite www.comdirect.de.

Wenn Sie dort die Wertpapierkennnummer (WKN) der gewünschten Aktie links oben in das freie Feld »Kurssuche« eingeben, erhalten Sie nicht nur den aktuellen Kurs, sondern auch alle Angaben zu den Börsenplätzen von Xetra, Frankfurt, Hamburg, London oder auch New York (falls die gewünschte Aktie dort gehandelt wird). Die Spalte »Tagesvolumen« zeigt Ihnen den Umsatzspitzenreiter an. Das ist dann im Regelfall die beste Wahl für Ihren Aktienkauf und für den späteren Verkauf.

Warum ist das Kriterium »Umsatz« so wichtig? Zum einen sorgen viele Umsätze dafür, dass die Differenz zwischen An- und Verkaufskurs möglichst gering ist. Sie erhalten damit bessere Kurse. Wenn eine Aktie dagegen nur selten an einem Börsenplatz gehandelt wird, besteht oft eine relativ große Kurslücke. Sie bezahlen dann zu viel beim Kauf und erhalten zu wenig beim Verkauf. Zum anderen bedeutet ein hoher Umsatz an der Börse, dass Ihre Order (Kauf oder Verkauf) schnell ausgeführt wird, da es stets viele Käufer und Verkäufer gibt, die mit dieser Aktie handeln wollen. Wenn dagegen an einem Börsenplatz (fast) kein Handel mit der Aktie stattfindet, kann es passieren, dass Ihre Order nicht oder zumindest über einen längeren Zeitraum nicht ausgeführt werden kann.

Praxistipp: Übernehmen Sie nicht blind die Voreinstellung in der Ordermaske

Wenn Sie die Ordermaske bei Ihrem Online-Broker öffnen, wird dort in einigen Fällen bereits ein Börsenplatz angegeben. Wir haben oft erlebt, dass diese Voreinstellung nicht den besten Börsenplatz angezeigt hat, sondern den Börsenplatz, der für die Bank besonders lukrativ ist (hohe Gebühren). Überprüfen Sie daher stets, ob tatsächlich der für Sie beste Börsenplatz ausgewählt wurde. Falls nicht: Börsenplatz wechseln. Das kostet Sie nur einen »Klick« im Internet.

Das gleiche Prinzip gilt auch, wenn Sie über Ihre Hausbank Aktien ordern. Auch dort wird manchmal ein für Sie ungünstiger Börsenplatz ausgewählt. Prüfen Sie daher die besten Handelsoptionen, bevor Sie mit Ihrer Bank sprechen. Und glauben Sie nicht der Standardaussage »Der gewünschte Börsenplatz ist nicht möglich«. Wenn Sie im Internet sehen, dass es bei Ihrer Wunschaktie an dem Tag hohe Börsenumsätze an einer bestimmten Börse gab, können auch Sie dort handeln. Eine andere Auskunft muss Ihre Bank sehr gut begründen (manche Online-Broker bieten zum Beispiel nicht jeden Börsenplatz an). Dann stellt sich allerdings die Frage, ob das die richtige Depotbank für Sie ist.

Wie vermeide ich teure Fehler bei der Wahl des Handelsplatzes?

Frage: Ich habe gelesen, dass die Wahl des falschen Handelsplatzes ein großer Kostenfaktor bei der Geldanlage sein kann. Können Sie mir Tipps geben, damit mir dabei keine Fehler unterlaufen?

Antwort: Wenn Sie sich bei der Börsenauswahl an drei maßgebliche Punkte halten, sind Sie auf der sicheren Seite:

- Zum einen sollten Sie niemals den voreingestellten Handelsplatz Ihres Brokers OHNE vorherige Überprüfung übernehmen. Häufig ist das der nicht immer günstige Direkthandel oder beim Fondskauf die

Wie vermeide ich teure Fehler bei der Wahl des Handelsplatzes?

41

Voreinstellung KAG (= Kapitalanlagegesellschaft). Beim Direkthandel sind die gestellten Kurse oft nicht die günstigsten (Ausnahme: Zertifikate und Optionsscheine. Hier ist der gestellte Kurs gleich wie beim Börsenhandel). Beim Fondskauf direkt über die Kapitalanlagegesellschaft zahlen Sie den teuren Ausgabeaufschlag, der sich beim Kauf über eine Börse vermeiden lässt.

- Der zweite Punkt betrifft die Aussage »Das geht nicht.«. Hier kann ich Ihnen nur sagen: Geht nicht, gibt's nicht! Vor allem Kunden von Filialbanken wird gerne verschwiegen, dass sie beim Handelsplatz die freie Wahl haben. Lassen Sie sich hier nicht abspeisen. Wenn Sie eine bestimmte Börse ausdrücklich verlangen und diese Ihnen verweigert wird, können Sie davon ausgehen, dass der Berater versucht, seine Provision zu retten.

- Der dritte Grundsatz: Vergleichen lohnt sich immer! Auch wenn Ihnen das zunächst komplex erscheint. Prinzipiell gilt: Je größer das Ordervolumen, desto wichtiger ist die Auswahl des Handelsplatzes. Bei Aktien bietet der aktuelle Umsatz mit dem betreffenden Wertpapier einen guten Anhaltspunkt: Je liquider eine Aktie an einer bestimmten Börse ist, das heißt, je häufiger sie dort gehandelt wird, desto eher werden Sie dort einen fairen Preis bekommen.

Depotverwaltung und Extra-Services

Nicht nur Wertpapierorders kosten Geld, sondern auch sonstige Leistungen, die die Depotbank für Sie erbringt. Folglich lohnt es sich auch bei folgenden Fragen, sich die Antworten zu Gemüte zu führen.

Hauptversammlung: Darf der Broker Geld für die Karten verlangen?

Frage: Ich habe mir vor Kurzem die Eintrittskarten zur Teilnahme an der Hauptversammlung bei meinem Broker bestellt. Diese Bestellung hat er mir anschließend in Rechnung gestellt. Darf er das?

Antwort: Nicht alle Broker erheben Gebühren für die Zusendung der Eintrittskarten für die Hauptversammlung. Fakt ist aber: Die Broker dürfen diesen Service abrechnen. Ob Gebühren anfallen oder nicht, steht in der Regel im Preis-Leistungs-Verzeichnis. Hier können Sie noch einmal überprüfen, ob die dort angegebenen Gebühren auch mit den abgerechneten übereinstimmen.

Jahressteuerbescheinigung: Wie viel darf der Broker verlangen?

Frage: Ich habe bei meiner Internetbank eine Zweitschrift der Jahressteuerbescheinigung bestellt. Diese wurde mir auch zugesandt. Allerdings inklusive einer Rechnung über fast 30 Euro. Eine Frechheit! Muss man sich das als Kunde gefallen lassen?

Antwort: Leider ja. Die Zusendung von Papierbelegen ist ein nicht zu verachtender Kostenpunkt beim Online-Broker. Wenn Sie sich Dokumente in Papierform zusenden lassen, fallen nicht nur Kosten für den Ausdruck und das Porto an. Häufig berechnen die Online-Broker noch zusätzliche Gebühren in Höhe von 10 Euro oder 20 Euro. Wodurch sich Ihr Rechnungsbetrag schnell erklären lässt. Gerade die Nachsendung der Zweitschrift der Jahressteuerbescheinigung ist besonders teuer. In diesem Fall muss der Broker nämlich gleichzeitig dem Finanzamt eine Verlustmeldung mitteilen, damit die Bescheinigung beispielsweise nicht doppelt eingereicht wird. Deshalb sollten Sie die Jahressteuerbescheinigung immer direkt in einen Ordner abheften, wenn Sie diese erhalten haben. Dann sparen Sie sich solche unnötigen Gebühren.

Nutzen Sie das Online-Dokumentenarchiv

Greifen Sie auf Ihr Online-Dokumentenarchiv zurück, um wichtige Bescheinigungen abzurufen. Hier können Sie sich das benötigte Dokument gegebenenfalls selbst ausdrucken. Deshalb sollten Sie Ihr Dokumentenarchiv mit viel Sorgfalt pflegen und verwalten. Archivieren Sie alle Belege auf Ihrem eigenen Rechner, denn die Depotbanken belassen sie nicht unbegrenzt auf Ihrer Depotwebsite. So sparen Sie sich teure Nachsendungen und den damit einhergehenden Ärger in Zukunft. Welche Belege Ihnen postalisch zugehen und welche Sie online archivieren, können Sie übrigens bei den meisten Brokern selbst bestimmen. Dazu gehen Sie einfach auf »Dokumente« und klicken dann auf »Einstellungen«.

Wertpapierauswahl allgemein

Wertpapier ist nicht gleich Wertpapier. Es ist ein riesiger Unterschied, ob Sie in Aktien, in Fonds, in Anleihen oder in Derivate (Zertifikate und Optionsscheine) investieren. In diesem Kapitel geht es darum, welche Wertpapiergattung für welche Anleger geeignet ist.

Fonds oder Einzelwerte? Was ist das Richtige für mich?

Frage: Ich versuche gerade, die richtige Anlageform für mich zu finden und frage mich: Soll ich besser auf Fonds setzen oder doch lieber Einzelwerte aus dem Bereich der Anleihen und Aktien bevorzugen?

Antwort: Ob Sie sich für einen Fonds oder doch lieber für Einzelwerte entscheiden, sollten Sie von Ihren eigenen Präferenzen abhängig machen. Hinterfragen Sie, wie viel Zeit Sie in Ihre Geldanlage investieren können und wollen. Wenn Sie in Einzelwerte (Aktien und Anleihen) investieren, benötigen Sie Fachwissen, um diese zu bewerten. Fehlt Ihnen allerdings die Zeit, sich ständig über den Markt und aktuelle Entwicklungen zu erkundigen, sollten Sie auf Fonds setzen. In der Praxis dürften die Faktoren Zeit und Wissen dazu führen, dass Privatanleger den heimischen Aktienmarkt relativ gut im Griff haben, aber spätestens bei der Analyse des chinesischen Aktienmarktes oder der internationalen Rohstoffmärkte wird es eng.

Daher unsere Empfehlung: Setzen Sie sowohl auf Einzelwerte (Aktien, Anleihen) als auch auf Fonds. Als grobe Faustformel kann gelten: Konzentrieren Sie sich bei der Auswahl von Aktien und Anleihen auf die

Märkte, in denen Sie sich auskennen. »Exotische« Märkte können Sie dagegen dauerhaft erfolgreicher mit Fonds abdecken.

Aktien oder Anleihen – was ist sicherer?

Frage: Sind Anleihen sicherer als Aktien?

Antwort: Bei Aktien sind die Kursschwankungen meist größer als bei Anleihen. Das gilt zumindest dann, wenn Sie sich Anleihen solider Staaten und Unternehmen aussuchen und nicht gerade solche von »Wackelkandidaten« mit drohender Zahlungsunfähigkeit. Traditionell schichten die Börsianer daher in schwankungsstärkeren Zeiten ihr Geld in Anleihen um, vor allem in Staatsanleihen. Seit Ausbruch der Finanzkrise ist aber klar: Auch Staatsanleihen sind kein Hort der Stabilität. Zudem gilt: Aktien schützen als reale Unternehmensanteile und damit Sachwerte vor Inflation. Anleihen als bloße Ansprüche auf Geldzahlungen bieten dagegen keinen Inflationsschutz. Somit lässt sich die Frage nach der Sicherheit nicht eindeutig beantworten.

Wertpapierauswahl mithilfe von Computern: Ist das sinnvoll?

Frage: Würden Sie mir raten, mich bei der Geldanlage auf ein Computersystem zu verlassen?

Antwort: Verschiedene Beispiele der Börsengeschichte zeigen, dass es kein perfektes elektronisches Auswahlsystem gibt. Sie müssen als Anleger immer damit rechnen, dass ein Ereignis eintritt, das im eigenen Handelssystem nicht eingeplant oder einfach nicht vorhersehbar war.

Daher unsere Empfehlung: Nutzen Sie technische Hilfsmittel, wenn Sie damit gut arbeiten können. Sie können historische Datenbanken zur Fundamentalanalyse anzapfen, mathematische Formeln einsetzen und

Chart-Programme auswerten. Dennoch ist wichtig: Vergessen Sie nie, Ihren gesunden Menschenverstand zu nutzen. Vor dem Kauf einer Aktie, eines Fonds oder einer Option sollten Sie überprüfen, ob der Deal Ihnen auch plausibel erscheint. Verlassen Sie sich nie zu 100 Prozent auf die Technik.

Todsichere Auswahlsysteme – gibt es das?

Frage: Ich hatte kürzlich ein Beratungsgespräch mit einem Fondsmanager. Er hat natürlich versucht, mir seinen Fonds schmackhaft zu machen, und erzählte mir, er würde nach einem unschlagbaren System handeln, mit dem der Fonds automatisch vor Verlusten geschützt wäre. Kann ich auf diese Aussage vertrauen?

Antwort: Bei solchen Systemen arbeiten die Analysten mit der Grundannahme: »Alles wiederholt sich – auch an der Börse«. Um ein solches System zu entwickeln, wird alles ausgewertet, was man an der Börse finden kann: Charts, sprich historische Kursverläufe, alte Datenreihen oder sich wiederholende Zukunftsprognosen der Analysten. Dadurch versucht man Muster zu erschließen, die immer wieder auftauchen, und daraus eine Anlagestrategie zu bauen. Dazu wird dieses Muster in der Regel in ein Computerprogramm eingebaut und schon hat man das fertige System, von dem Ihr Berater gesprochen hat. Per Mausklick können dann 1.000 Märkte auf einmal durchforstet werden. Wenn das einmal gefundene Muster wieder auftaucht, kann darauf an der Börse »gewettet« werden. Allerdings hört sich das alles einfacher an, als es ist.

Merken Sie sich: Per Knopfdruck werden Sie nicht zum Börsenmillionär. Natürlich gibt es einige Handelsstrategien aus der Vergangenheit, die auch in Zukunft Erfolg versprechend sein können. Allerdings gibt es nie eine Gewinngarantie. Für den Erfolg bei der Geldanlage darf eines nicht fehlen: der menschliche Verstand. Verlassen Sie sich deshalb nie auf Fondsmanager, die angeblich todsichere, automatisierte Handels- und Auswahlsysteme anbieten.

Börsensprache & Fachbegriffe

Bestimmte Begriffe finden Sie in der Berichterstattung über Börsen und Wertpapiere andauernd. Das heißt aber leider nicht, dass sie verständlich sind. Wir bringen Licht in das Dunkel. Die wichtigsten Begriffe aus dem Börsenalltag finden Sie außerdem im Glossar im Anhang dieses Buches.

Was bedeutet das Wort »Performance«?

Frage: Immer wieder stoße ich bei Börsenberichten auf das Wort »Performance«. Was bedeutet das eigentlich?

Antwort: Das englische Wort »Performance« heißt wörtlich übersetzt »Leistung«, »Darbietung« oder »Erfolg«. Mit der Performance eines Wertpapiers ist folglich der »Erfolg« gemeint, der in einer zurückliegenden Zeitphase erreicht wurde (zum Beispiel eine 10-Jahres-Performance). Sie müssen dabei den Kursverlauf des entsprechenden Wertpapieres berücksichtigen und zusätzlich auch Erträge wie Zinsen oder Dividenden (viele Anleger vergessen diese Erträge bei der Performancemessung). Streng genommen muss die Performance zusammen mit dem Risiko betrachtet werden, das Sie mit dem betreffenden Investment eingehen. Von einer guten Performance kann man folglich nur sprechen, wenn der positive Kursverlauf auch mit einem vertretbaren Risiko einhergeht.

Was bedeutet das Wort »Rendite«?

Frage: Immer wieder ist von der Rendite die Rede. Was bedeutet das eigentlich?

Antwort: Die Rendite ist immer der prozentuale Gewinn bezogen auf eine bestimmte andere Größe. Beispiele:

- Die Eigenkapitalrendite ist der prozentuale Gewinn bezogen auf das eingesetzte Eigenkapital. 5 Prozent Eigenkapitalrendite heißt also: Für jeweils 100 Euro eingesetztes Eigenkapital (also eigenes, nicht geliehenes Geld) erhalten Sie 5 Euro Gewinn.
- Die Gesamtkapitalrendite (manchmal auch nur Kapitalrendite genannt) ist der prozentuale Gewinn bezogen auf das eingesetzte Geld (eigen und geliehen).
- Die Umsatzrendite ist der prozentuale Gewinn eines Unternehmens bezogen auf seinen Umsatz.

Eine Besonderheit ist die sogenannte Umlaufrendite. Dieser Begriff beschreibt die Durchschnittsrendite von Anleihen, wenn man sowohl ihren Kurs als auch ihre Nominalverzinsung in die Betrachtung einbezieht (siehe nächste Frage). Gängig ist auch in den Börsennachrichten die Angabe der »Umlaufrendite 10-jähriger Staatsanleihen«. Damit wird angegeben, welche Rendite ein Korb von verschiedenen deutschen Staatsanleihen aktuell abwirft – und zwar ebenfalls unter Einbeziehung von Zinsen und Kursverlauf.

Was ist der Unterschied zwischen Zinsen und Rendite?

Frage: Wenn ich versuche, eine Entscheidung für oder gegen ein Anlageprodukt zu treffen, fällt mir häufig auf: Mir ist der Unterschied zwischen Zinsen und Rendite nicht klar. Können Sie mir diesen erläutern?

Antwort: Da sind Sie nicht der einzige Anleger, der Probleme mit der Unterscheidung hat. Dabei ist sie essenziell für eine Investmententscheidung. Kurz gesagt: Zwar werden sowohl Zinsen als auch Rendite in Prozent ausgedrückt. Aber nur die Rendite sagt Ihnen, welchen prozentualen Gewinn Sie wirklich mit dem eingesetzten Geld erzielt haben. Es gibt Fälle, in denen Zins gleich Rendite ist. Aber es gibt auch Fälle, in denen der Zins erheblich von der Rendite abweicht.

Der Unterschied zwischen Zinsen und Rendite lässt sich anhand von Unternehmensanleihen besonders gut erklären. Das sind festverzinsliche Wertpapiere, die so funktionieren: Als Anleger leihen Sie einem Unternehmen Ihr Geld und erhalten dafür eine jährliche Zinszahlung. Am Ende bekommen Sie Ihr Geld in Höhe des Nominalwertes zurück. Die Höhe des jährlichen Zinses bezieht sich allerdings immer auf den Nennwert (Nominalwert) der Anleihe.

Wenn Sie die Anleihe gleich bei Emission zum Nennwert kaufen und bis zum Schluss behalten, ist Ihre Rendite gleich dem Zins. Also: Sie kaufen für 1.000 Euro eine Unternehmensanleihe, für die es jährlich 5 Prozent Zinsen gibt. Jährlich bekommen Sie 50 Euro Ausschüttung. Am Schluss erhalten Sie das eingesetzte Kapital zurück. Der jährliche Zins liegt bei 5 Prozent und die jährliche Rendite somit auch.

Angenommen, Sie kaufen die Anleihe erst nach der Emission. Der Kurs der Anleihe ist aber nicht beim Nennwert von 1.000 Euro stehengeblieben. Angenommen, es kommen Zweifel an der Zahlungsfähigkeit des betreffenden Unternehmens auf. Dann ist der Kurs gefallen, zum Beispiel auf 950 Euro. Oder die Zahlungsfähigkeit hat sich verbessert und die Ratingagenturen haben das Unternehmen hochgestuft. Dann ist der Kurs auf beispielsweise 1.050 Euro gestiegen. Das ist Ihr Kaufkurs. Wenn Sie die jährliche Zinsauszahlung jetzt durch den Kaufkurs dividieren, für die Sie die Anleihe erworben haben, erhalten Sie die Rendite, also den wahren prozentualen Gewinn bezogen auf das eingesetzte Kapital.

> **Bei einem Kaufkurs von 950 Euro rechnen Sie so**
>
> (50 Euro Zinsausschüttung : 950 Euro Kaufkurs) * 100 Prozent = 5,26 Prozent

Das heißt: Der Nominalzins (Zins bezogen auf den Nennwert) liegt nach wie vor bei 5 Prozent. Ihre Rendite (Gewinn bezogen auf den Einsatz) ist aber auf 5,26 Prozent gestiegen.

> **Bei einem Kaufkurs von 1.050 Euro rechnen Sie so**
>
> (50 Euro Zinsausschüttung : 1.050 Euro Kaufkurs) * 100 Prozent = 4,76 Prozent

Das heißt: Auch hier hat sich am Nominalzins (Zins bezogen auf den Nennwert) nichts geändert. Ihre Rendite ist aber auf 4,76 Prozent gefallen.

Die Rendite zeigt Ihnen somit die tatsächliche Verzinsung Ihres eingesetzten Geldes in Prozent an.

Was ist ein »Portfolio«?

Frage: Immer wieder höre ich vom »Portfolio« eines Anlegers oder eines Fonds. Was ist unter diesem Begriff zu verstehen?

Antwort: Das »Portfolio« ist die Gesamtheit aller Wertpapiere in einem Depot beziehungsweise im Vermögen eines Fonds.

Was sind »Depotpositionen«?

Frage: In Börsenbriefen ist häufig der Begriff »Depotposition« oder einfach nur »Position« zu finden. Was bedeutet das?

Antwort: Damit sind jeweils gleiche Wertpapiere gemeint. Beispiel: Ein Depot besteht aus 10 Siemens-Aktien, 60 Anteilen eines DAX-ETFs und einer US-Staatsanleihe mit 10-jähriger Laufzeit. Dann gibt es insgesamt drei Depotpositionen.

Was sind »Gewinnmitnahmen«?

Frage: Ich bin neu an der Börse und besitze erst 100 Daimler-Aktien. Mein Bankberater sagte mir, ich soll bei Daimler die halbe Position verkaufen und »Gewinne mitnehmen«. Was meint er damit?

Antwort: Ihr Bankberater wollte mit der Empfehlung sagen, dass Sie einen Teil der bisher erzielten Gewinne durch einen Verkauf absichern sollen. Solange Sie die Daimler-Aktien halten, haben Sie nur Buchgewinne erzielt (Gewinne auf dem Depotauszug). Erst durch den Verkauf fließen die Gewinne wirklich auf Ihr Konto. Deshalb spricht man hier von Gewinnmitnahmen.

Tipp: Gewinne zur Hälfte mitnehmen – das ist oft empfehlenswert

Konkret können Sie so vorgehen: Wenn Sie vorher 100 Daimler-Aktien im Depot hatten, können Sie 50 verkaufen (die halbe Position). Sie verringern dann Ihren Kapitaleinsatz um 50 Prozent (= zukünftig weniger Risiko) und haben gleichzeitig schon einen Teilgewinn abgesichert (das Geld ist auf Ihrem Konto und kann nicht mehr verloren gehen). Es ist also nicht so, dass Sie auch 100 Daimler-Aktien verkaufen müssen, wenn Sie vorher 100 Daimler-Aktien gekauft haben. Sie können auch eine Teilmenge verkaufen.

Was ist eine »Kapitalerhöhung«, was sind »junge Aktien«?

Frage: Hilfe, ich bin direkt in eine schwierige Situation geraten. Ich besitze einige Aktien und jetzt habe ich von meiner Bank ein Schreiben erhalten, dass eine Aktiengesellschaft eine Kapitalerhöhung durchführt und »junge« Aktien anbietet. Was bedeutet das für mich?

Antwort: Wenn ein Unternehmen eine Kapitalerhöhung durchführt, also neue Aktien verkauft, um zusätzliches Geld einzusammeln, schickt Ihnen Ihre Bank stets ein Schreiben mit allen wichtigen Eckpunkten. In dem Schreiben steht, bis wann Sie eine Entscheidung treffen müssen und welche Handlungsalternativen Sie haben. Im Regelfall haben Sie bei einer Kapitalerhöhung folgende vier Handlungsalternativen:

- Sie können die Bezugsrechte für die jungen Aktien über die Börse verkaufen (das funktioniert wie ein Aktienverkauf).
- Sie können die Bezugsrechte ausüben und die jungen Aktien kaufen (dann erhöht sich Ihr Kapitaleinsatz).
- Sie können einen Teil der Bezugsrechte ausüben und damit auch nur einen Teil der jungen Aktien kaufen (so erhöhen Sie Ihren Kapitaleinsatz nicht ganz so stark wie bei einer vollständigen Ausübung).
- Sie können aber auch zusätzliche Bezugsrechte kaufen und damit noch mehr junge Aktien kaufen. So erhöhen Sie Ihren Kapitaleinsatz recht deutlich.

Es gibt nicht pauschal eine Lösung, welche Variante am besten ist. Ganz allgemein gilt: Bei sehr guten Unternehmen können Sie weitere Aktien kaufen und so den Anteil aufstocken. Bei schwachen oder riskanten Positionen sollten Sie im Zweifel kein zusätzliches Geld investieren, sondern die Bezugsrechte verkaufen und auf diese Weise den ehemaligen Kapitaleinsatz reduzieren.

Was sind »Insidergeschäfte«?

Frage: Was verbirgt sich an der Börse hinter dem Begriff »Insiderge-schäfte«? Ist das nicht verboten?

Antwort: »Insidergeschäfte« hinterlassen bei vielen Anlegern eine gewisse Skepsis. Doch das ist in vielen Fällen unbegründet. Ein Insider ist eine Person, die über kurserhebliche Informationen eines Unternehmens verfügt, bevor diese der Öffentlichkeit bekannt gegeben werden. Zu diesen Personen gehören zum Beispiel Großaktionäre oder Vorstands- und Aufsichtsratsmitglieder.

Insiderinformationen sind nach dem Wertpapierhandelsgesetz alle konkreten Informationen, die noch nicht veröffentlicht worden sind und die bei Veröffentlichung dazu führen können, den Börsen- oder Marktpreis des Unternehmens zu beeinflussen. Hier einige konkrete Beispiele: Übernahmeangebote, Großaufträge, unerwartete Gewinnsteigerungen oder -einbrüche oder Insolvenzanträge.

Erlaubte und verbotene Insidergeschäfte

Es muss klar zwischen verbotenen und legalen Insidergeschäften unterschieden werden. Zu den verbotenen Insidergeschäften gehören die Transaktionen von Insidern, die vor Veröffentlichung der Informationen mit Finanzinstrumenten (Aktien, Derivaten etc.) handeln, um bei der Veröffentlichung der Nachricht Profit aus der Kursbewegung zu schlagen. Dieser Insiderhandel wird mit Freiheits- oder Geldstrafen geahndet.

Einige Negativbeispiele gab es zuletzt in der amerikanischen Hedgefonds-Branche. Dort haben Fondsmanager geheime Informationen aus Unternehmen erhalten und diese erfolgreich für Geschäfte auf steigende oder fallende Kurse genutzt.

Um illegalen Insidergeschäften entgegenzuwirken, werden in Deutschland alle Börsengeschäfte von der Bundesanstalt für Finanzdienstleistungsaufsicht (BaFin) mit speziellen EDV-Programmen überwacht. Auffällige Kursbewegungen oder ungewöhnlich hohe Umsätze eines Finanzinstruments (z. B. Aktien) werden auf diese Weise entdeckt und nachverfolgt. Wenn also zum Beispiel eine Gewinnwarnung herausgegeben wird, der Aktienkurs einbricht und kurz vorher jemand mit Put-Optionen oder Leerverkäufen im großen Stil auf fallende Kurse gewettet hat, wird die Börsenaufsicht das untersuchen. Erfolgt ein Übernahmeangebot und der Aktienkurs schießt wie eine Rakete nach oben, wird ebenfalls untersucht, ob sich vorab Investoren mit diesen Aktien eingedeckt haben und welche Informationsquellen die jeweiligen Investoren genutzt haben.

Ad-hoc-Mitteilungen sind Pflicht

Börsennotierte Unternehmen sind dazu verpflichtet, über sogenannte Ad-hoc-Mitteilungen zeitnah kursrelevante Informationen zu veröffentlichen. Seit dem 1. Juli 2002 besteht die gesetzliche Pflicht, Geschäfte von Vorstands- und Aufsichtsratsmitgliedern börsennotierter Unternehmen und deren Familienangehörigen in Wertpapieren der eigenen Gesellschaft unverzüglich mitzuteilen.

In § 15 a des Wertpapierhandelsgesetzes (WpHG) gibt es eine klare Regelung. Demnach müssen die Mitglieder des Vorstands und Aufsichtsrats deutscher Aktiengesellschaften und eine Reihe weiterer Personen mit Zugang zu Insiderinformationen der Finanzaufsicht mitteilen, wenn sie Aktien des Unternehmens kaufen oder verkaufen. Auch entsprechende Derivate müssen sie melden. Die Mitteilungspflicht gilt auch für Personen, die den »Insidern« nahestehen (z. B. Ehepartner, Kinder). Diese Mitteilung muss die AG dann unverzüglich veröffentlichen (Directors' Dealings). Diese erlaubten Insiderkäufe und -verkäufe können Sie im Internet unter der Adresse www.bafin.de abrufen.

Überwiegen die Verkäufe, ist das nicht unbedingt ein Warnzeichen

Sie sollten allerdings diese Daten nicht als alleiniges Kauf- oder Verkaufsargument werten. So muss es nicht automatisch ein schlechtes Zeichen sein, wenn es bei einem Unternehmen mehr Verkäufe als Käufe gibt. Denn oft werden Aktien aufgrund von Mitarbeiterbeteiligungen oder Bonuszahlungen verteilt. Es ist völlig normal, wenn ein Manager irgendwann die als Gehaltsbestandteil erhaltenen Aktien (oder Aktienoptionen) an der Börse verkauft. Prüfen Sie deshalb stets die fundamentalen Daten, bevor Sie sich aufgrund der »Directors' Dealings« für einen Kauf oder Verkauf entscheiden.

Was sind »effektive Stücke«?

Frage: Ich habe vor Kurzem von »effektiven Stücken« gelesen. Was genau verbirgt sich dahinter?

Antwort: Effektive Stücke sind Papieraktien. Zum Hintergrund: Wenn Sie eine Aktie an der Börse kaufen, wird die Aktie im Normalfall elektronisch von einem Wertpapierverwahrer wie Clearstream für Sie verbucht. Es gibt jedoch noch einige Unternehmen, die effektive Stücke anbieten, also Aktien in Form von richtigen Urkunden. Diese Aktienurkunden können Sie sich ausliefern lassen, falls Sie Clearstram und Co. misstrauen. DAX-Unternehmen, die effektive Aktien herausgeben, sind zum Beispiel HeidelbergCement, Henkel und Merck.

Doch Achtung: Anders aber als bei Gold erscheint bei Aktien eine physische Auslieferung nicht sinnvoll. Eine Goldunze können Sie weltweit fast überall zu Geld machen. Anders sieht es bei effektiven Aktien aus. Für eine Henkel-Aktie in Papierform werden Ihnen nur sehr wenige Händler einen angemessenen Preis bieten. Der Verkauf dürfte speziell in Krisenzeiten fast unmöglich sein. Zudem kommen unverhältnismäßig hohe Kosten auf Sie zu, die bei der Auslieferung und der Rückgabe effektiver Stücke entstehen. Je nach Bank können pro Transaktion rund 100 Euro Gebühren fällig werden.

Ein weiteres Argument gegen den Kauf von effektiven Stücken ist der große zeitliche Aufwand. Das gilt auch in Bezug auf die Dividendenzahlung. Befindet sich die Aktie in Ihrem Depot, wird Ihnen die Dividende automatisch gutgeschrieben. Besitzen Sie dagegen die Aktie in physischer Form, müssen Sie den Dividenden-Coupon von der Aktie abschneiden und bei Ihrer Bank einreichen. Auch das Risiko der Zerstörung beispielsweise durch Feuer oder Wasser bedroht Ihr Wertpapier. Bei elektronisch verbuchten Stücken können Sie dagegen sicher sein, dass ausreichende Sicherungssysteme dafür sorgen, dass Ihre Aktie(n) in Ihrem Besitz bleiben.

Fazit: Unnötig und teuer

Die effektiv gehaltenen Aktien verursachen zu hohe Kosten und einen zu großen zeitlichen Aufwand. Einige bei eBay oder auf Flohmärkten günstig zu ersteigernde Aktien bieten sich allenfalls als Geschenk an. Aktien des Erotikunternehmens Beate Uhse sind »Klassiker« beim Junggesellenabschied, und über die BVB-Aktie freuen sich die Fußballfans von Borussia Dortmund (falls sie nicht bereits beim Börsengang die völlig überteuerten Aktien gekauft und viel Geld verloren haben). Ein ganz anderes Thema ist das Sammeln von historischen Aktien. Das hat jedoch nichts mit einem Börsen-Investment zu tun.

Was bedeutet die Abkürzung »IPO«?

Frage: In der Wirtschaftsrubrik meiner Tageszeitung habe ich das Kürzel »IPO« gesehen. Was bedeutet das? Ist das ein Börsenbegriff?

Antwort: Ihre Vermutung ist richtig, es handelt sich um einen Begriff aus der Börsensprache. In der Boom-Zeit des Neuen Marktes (1999/2000) tauchte die Abkürzung IPO fast täglich in den Wirtschaftsnachrichten auf. Das Kürzel IPO steht für »Initial Public Offering«. Übersetzt könnte man sagen: das erste, öffentliche Angebot. Gemeint ist der Börsengang eines Unternehmens und das geht so:

Ein Unternehmen geht frisch an die Börse und verkauft eigene Aktien an die Anleger. Mit dem eingesammelten Geld soll zum Beispiel das weitere Wachstum finanziert werden.

> **Altbesitzer verkauft all seine Aktien? – Das ist ein Warnsignal!**
> Weniger schön ist es, wenn Altbesitzer über den Börsengang das Unternehmen verlassen. Dann müssen Sie sich immer fragen: Soll ich diese Aktien kaufen, wenn der Altbesitzer, der das Unternehmen bis ins kleinste Detail kennt, genau jetzt seine Anteile verkaufen will? Es kann harmlose Gründe geben. Etwa wenn der Altbesitzer keinen Nachfolger in der Familie hat und daher über die Börse aussteigt. Aber eine kritische Prüfung der Verkaufsgründe sollte bei einem Börsengang (IPO) auf jeden Fall erfolgen.

Wann spricht man am Aktienmarkt von einer »Korrektur«?

Frage: Andauernd höre ich in den Börsennachrichten das Wort »Korrektur«. Was bedeutet das in diesem Zusammenhang?

Antwort: Eine »Korrektur« ist eine zeitlich eng begrenzte Gegenbewegung der Kurse, meist eine kurzfristige Phase fallender Kurse innerhalb eines übergeordneten, längerfristigen Kursanstiegs.

Was heißt »Hausse« und was heißt »Baisse«?

Frage: Mir begegnen häufig die Begriffe »Hausse« und »Baisse«. Was bedeuten sie?

Antwort: Eine Hausse ist eine Phase stark steigender Kurse. Manchmal wird für das französische Wort »Hausse« (wörtlich übersetzt: »Anhebung«, »Steigerung«) auch das englische Wort »Boom« (wörtlich übersetzt: »Aufschwung«) verwendet.

Eine Baisse ist dagegen eine Phase stark fallender Kurse. Für das französische Wort »Baisse« (wörtlich übersetzt: »Sturz«, »Abwärtsbewegung«) hat sich mittlerweile auch das englische Wort »Crash« (wörtlich übersetzt: »Abschwung«, »Aufprall«) eingebürgert.

Was ist eine »Börsen-Rally« beziehungsweise »Börsen-Rallye«?

Frage: Was muss ich mir unter einer »Börsen-Rally(e)« vorstellen?

Antwort: Eine »Börsen-Rally(e)« ist eine starke Beschleunigung der Marktbewegung innerhalb eines ohnehin schon optimistischen Börsenumfeldes mit steigenden Kursen. Über die richtige Schreibweise des Wortes Rally/Rallye streiten sich übrigens die Gelehrten. Laut Duden ist beides richtig.

Indizes

Indizes begegnen Ihnen tagtäglich in den Börsennachrichten. Sie gelten als wichtigstes Barometer für die Stimmung an den Börsen. Deshalb haben wir den Fragen und Antworten zu diesen Indizes ein eigenes Kapitel gewidmet.

Wie funktioniert der DAX und wie sind seine Aussichten in Zukunft?

Frage: Ich interessiere mich für die Börse. In der Tagesschau wird immer wieder der DAX als »Börsen-Barometer« vorgestellt. Können Sie mir den DAX etwas genauer vorstellen? Und wie sind die weiteren Aussichten für den DAX?

Antwort: Der DAX ist Dauerthema in den Medien, aber leider interessiert sich nur eine sehr kleine Minderheit näher für diesen Aktienindex. Dabei ist der DAX eine echte Erfolgsgeschichte. Es freut uns daher, wenn Leser mehr Details wissen wollen. Die können wir gerne liefern:

Geschichte des DAX

Der wichtigste deutsche Aktienindex, der DAX, feierte im Juli 2013 sein 25-jähriges Bestehen: Der rechnerische Start war zwar schon am 30. Dezember 1987 mit glatt 1.000 Punkten, doch regelmäßig gemessen und veröffentlicht wird der DAX erst seit dem 1. Juli 1988.

Eine ganze Anlegergeneration ist in Deutschland mit dem DAX auf-gewachsen. Doch leider ist die Gruppe der Aktionäre in unserem Land erschreckend klein. Nur rund 6 Prozent der Deutschen investieren in Aktien. Das bedeutet zum einen, dass die Aktien der größten deutschen Unternehmen zu weiten Teilen ausländischen Investoren gehören. Zum anderen bedeutet das aber auch – und das ist die negative Nachricht –, dass weit über 90 Prozent der Deutschen die schönen Kursgewinne in den vergangenen Jahrzehnten verpasst haben.

Der Wohlstand wäre deutlich ausgeprägter, wenn mehr Anleger einen Teil der Ersparnisse in Aktien angelegt hätten. Über einen aussagekräf-tigen Zeitraum von 25 Jahren haben die DAX-Aktien Immobilien, An-leihen und auch Gold wertmäßig geschlagen. Seit der Gründung hat der DAX im Jahresdurchschnitt über 8 Prozent Gewinn abgeworfen (Kurs-steigerungen und Dividenden). Diese Rendite passt zu den langfristigen Gewinnreihen. In den USA, wo bereits vor über 100 Jahren die ersten Aktienindizes berechnet wurden, können wir sehen, dass Aktien auch über sehr lange Zeiträume rund 8 Prozent Gewinn pro Jahr abwerfen.

Trotz der vielen Krisen und Crash-Phasen ist der DAX von 1.000 auf mehr als 8.000 Punkte gestiegen. Das war der Blick in den Rückspiegel. Aber wohin geht die Reise in den nächsten Jahren?

Ewig gültige Prognose: Der DAX wird steigen

DAX-Prognosen zu erstellen, ist nicht leicht, sofern sie sich auf den nächsten Monat oder das nächste Jahr beziehen. Ansonsten ist die Frage nach der Entwicklung des DAX schnell beantwortet. Eine verblüffend einfache Antwort ist von der Börsenlegende André Kostolany überliefert. Seine ewig gültige DAX-Prognose lautete: »Er wird steigen.« Die Ant-wort von Kostolany klingt trivial, besitzt jedoch einen wahren Kern.

In der Redaktionssprechstunde habe ich (Rolf Morrien) in den vergan-genen 11 Jahren, seit dem Start des »Depot-Optimierers« im Crash-Jahr

2002, einen Satz tausendfach gehört: »Alles was steigt, fällt auch wieder.« Diese Aussage ist nicht korrekt. Das zeigen die Kursentwicklungen des DAX oder auch des Dow Jones. Es gibt mehrere Gründe, warum der DAX in den nächsten Jahren mit einer extrem hohen Wahrscheinlichkeit weit in den fünfstelligen Bereich klettern wird:

1. Die Inflation treibt die Börsenkurse

Papierwährungen neigen zur Schwäche. Das galt für die D-Mark und das gilt auch für den Euro. Pro Jahr müssen Sie mit einer Geldentwertung von 2 bis 3 Prozent rechnen. Zur Inflation gehört auch, dass die Unternehmen die Preise erhöhen. Bei einer konstanten Gewinnmarge steigen die Gewinne und als Reaktion auch die Aktienkurse. 2 bis 3 Prozent Kursgewinn pro Jahr können Sie also als »automatischen« Inflationsausgleich verbuchen.

2. Der DAX ist ein Performance-Index

Der DAX misst nicht nur die Kursentwicklung, sondern auch die ausgeschütteten Dividenden. Durchschnittlich zahlen die DAX-Konzerne knapp 3 Prozent Dividendenrendite pro Jahr. Diese Dividenden treiben den DAX langsam, aber sicher nach oben, auch wenn die Kursentwicklung stagnieren sollte.

3. Schwache Unternehmen werden aussortiert

Ein Index zeigt immer an, welche Unternehmen in der Vergangenheit erfolgreich waren. Wer schwächelt, wird zum Absteiger. Auch der DAX erlebt einen ständigen Wechsel. Die Auf- und Abstiegsregeln sorgen dafür, dass regelmäßig »Ballast« abgeworfen wird und aufstrebende Unternehmen aus der zweiten Reihe in den DAX aufsteigen.

Wenn Sie diese drei Faktoren berücksichtigen, kommen Sie zum gleichen Ergebnis wie Kostolany: Der DAX wird steigen. Nicht unbedingt kurzfristig, wohl aber über einen längeren Zeitraum. Wenn wir eine kleine Musterrechnung aufmachen und die 8 Prozent Rendite, die der DAX 1988 bis 2013 erreicht hat, auf Sicht von 25 Jahren fortschreiben, wird der DAX bei seinem 50. Jubiläum im Jahr 2038 bei rund 55.000 Punkten notieren.

> **Fazit: Ausdauer lohnt sich!**
>
> Wer an der Börse Ausdauer hat, der wird auch belohnt! Wer über den DAX das Thema Börse für sich entdeckt, wird das nicht bereuen.

Wie wird der DAX-Kurs ermittelt?

Frage: Ich verstehe die Kursentwicklungen des DAX nicht. Manchmal fällt oder steigt eine DAX-Aktie um über 10 Prozent und trotzdem läuft der DAX genau in die andere Richtung. Wie kann das sein?

Antwort: Ihre Beobachtung ist richtig. Es kann durchaus passieren, dass zum Beispiel der DAX um ein paar Punkte steigt, obwohl ein einzelner Wert genau an dem Tag nach einer Gewinnwarnung 10 oder 15 Prozent verliert. Die Lösung liegt in der Gewichtung. Die 30 Aktien, die im DAX vertreten sind, haben jeweils ein unterschiedliches Gewicht, das grob vereinfacht von 0,5 bis maximal 10 Prozent reicht. Wenn ein kleiner DAX-Wert, der ein Indexgewicht von unter 1 Prozent hat, stark steigt oder fällt, hat das fast keinen Einfluss auf den Gesamtindex. Wenn dagegen ein Index-Schwergewicht starke Kursbewegungen verzeichnet, kann das den gesamten Index nach oben oder unten ziehen.

Gewichtung nach Börsenwert der frei handelbaren Aktien

Die Werte im DAX werden entsprechend ihrer Streubesitz-Marktkapitalisierung gewichtet. Maßgeblich ist also nicht der gesamte Börsenwert eines Unternehmens, sondern nur der Wert der frei handelbaren Aktien (auch »free float« genannt) des jeweiligen DAX-Mitglieds. Aktien von Großaktionären, welche 5 Prozent oder mehr ausmachen, bleiben bei der Gewichtung unberücksichtigt. Unberücksichtigt bleiben auch eigene Aktien, welche das Unternehmen selbst hält, unabhängig von der Höhe dieses Anteils. Aufgrund von Kursveränderungen ändert sich die Streubesitz-Marktkapitalisierung fortwährend. Die Gewichtung wird dabei bei jeder sekündlichen Neuberechnung des DAX auf Basis der aktuellen Kurse ebenfalls neu berechnet. Änderungen des Streubesitzanteils werden dagegen von der Deutschen Börse nur zu vierteljährlichen Anpassungsterminen erfasst und fließen erst dann in die Gewichtung ein.

Ein besonders hohes Indexgewicht besitzen z. B. BASF, Bayer und Siemens. Wenn sich diese Aktien bewegen, beeinflusst das den DAX besonders stark. Aktien wie K+S oder Lanxess haben dagegen nur einen geringen Einfluss auf den Indexstand.

Werden alle Indizes der Welt gleich berechnet?

Frage: Werden alle Indizes der Welt gleich berechnet? Oder gibt es da Unterschiede?

Antwort: Da gibt es große Unterschiede, die vor allem die folgenden Kriterien betreffen:

- **Gewichtung:** Bei manchen Indizes werden alle Mitglieder gleichgewichtet. Bei anderen erfolgt die Gewichtung über den Börsenkurs (z. B. Dow Jones). Das sind aber veraltete Methoden. Eine Gewichtung nach dem Börsenwert der frei handelbaren Aktien ist mittlerweile am gängigsten – und auch am besten (z. B. DAX, EuroStoxx, S&P 500). Bei einigen Indizes gibt es zudem eine Kappungsgrenze, oberhalb von der sich ein höherer Börsenwert nicht mehr auswirkt. Auch das ist beispielsweise beim DAX, EuroStoxx oder S&P 500 der Fall.
- **Auswahl der Mitglieder:** Die erfolgt nach unterschiedlichen Regeln. Beim Dow Jones sind es die »wichtigsten« US-amerikanischen Aktien – was auch immer das sein mag. Beim DAX, EuroStoxx und S&P 500 diejenigen mit dem größten Börsenwert frei handelbarer Aktien. Das erscheint sinnvoller.
- **Einbeziehung der Dividenden:** Bei den Indizes der DAX-Familie (DAX, MDAX, SDAX, TecDAX) werden die Dividenden in den In-

dexkurs eingerechnet. Das nennt sich »Performance-Index«. Bei den meisten anderen Indizes (z. B. EuroStoxx, Dow Jones, S&P 500, Nikkei) spielen die ausgeschütteten Dividenden keine Rolle. Der Index bildet nur den durchschnittlichen Kursverlauf seiner Mitglieder ab und heißt deshalb Kursindex.

Aktien

Wer sein Geld an der Börse investiert, denkt zunächst über Aktien nach. Die Fragen und Antworten, die diese bekanntesten aller Wertpapiere betreffen, haben wir in diesem Kapitel für Sie zusammengestellt.

Mit welchen Gewinnen kann ich am Aktienmarkt rechnen?

Frage: Mit welchen Gewinnen kann ich am Aktienmarkt rechnen, wenn ich über mehrere Jahre oder sogar Jahrzehnte anlege, um so meine private Altersvorsorge aufzubauen?

Antwort: Diverse Untersuchungen zeigen, dass langfristig orientierte Aktienanleger mit rund 8 Prozent Gewinn pro Jahr rechnen können. Diese gut 8 Prozent berücksichtigen Kursgewinne und die Dividendenausschüttungen.

Einige praktische Beispiele

Der amerikanische Index-Klassiker »Dow Jones Industrial Average« ist im Jahr 1896 mit 41 Punkten gestartet und durchbrach 2013 die 15.000-Punkte-Marke. Dieser imposante Anstieg ist sogar eine grobe Untertreibung. Denn der Dow Jones berücksichtigt keine Dividenden. Würde man die Ausschüttungen noch hinzurechnen, würde der Dow Jones heute bei knapp 30.000 Punkten notieren.

Ein ähnliches Ergebnis liefert auch der DAX. Obwohl der DAX seit fast 15 Jahren wild hin und her schwankt, liegt die durchschnittliche Jahresrendite über 25 Jahre bei 8,3 Prozent. Setzt sich dieser Trend fort, was auch den historischen Performance-Daten entsprechen würde, knacken wir in 25 Jahren, also im Jahr 2037, die 50.000-Punkte-Marke. Ob das in der Realität 5 Jahre früher oder später passiert, kann heute niemand sagen. Es geht hier nur um den Trend. Die Zwischenziele 10.000 und 25.000 Punkte werden deutlich früher erreicht.

Was ist der Unterschied zwischen Stamm- und Vorzugsaktien?

Frage: Ich wollte gerade in BMW-Aktien investieren, sehe aber, dass es da Stamm- und Vorzugsaktien gibt. Ich kenne den Unterschied gar nicht. Was soll ich wählen?

Antwort: Der große Unterschied bei Stamm- und Vorzugsaktien liegt im Stimmrecht und der Höhe der Dividende, also der Gewinnausschüttung an Aktionäre. Gerade, wenn Sie als Privatanleger nur einen geringen Anteil des Unternehmens durch die Aktien besitzen, haben Sie von Ihrem Stimmrecht nicht viel. Mit Vorzugsaktien verzichten Sie komplett auf Ihr Stimmrecht. Im Gegenzug erhalten Sie in aller Regel einen Aufschlag bei der Dividende. Stammaktien dagegen gewähren ihren Inhabern ein Stimmrecht bei der Hauptversammlung. Dafür fällt die Dividende etwas niedriger aus.

Doch merken Sie sich: Nicht jedes börsennotierte Unternehmen besitzt sowohl Stamm- als auch Vorzugsaktien. BMW macht das, ebenso beispielsweise VW, Metro, RWE oder MAN. Die Teilnahme an der Hauptversammlung wird Ihnen übrigens auch dann garantiert, wenn Sie Vorzugsaktien haben. Wenn Sie also auf Ihr Stimmrecht verzichten können und dafür lieber eine höhere Dividende einstreichen, ist die Vorzugsaktie Ihre Wahl.

Bei Übernahmeschlachten sind Stammaktien gefragt

Die Kurse von Stamm- und Vorzugsaktien können sich ganz unterschiedlich entwickeln, obwohl beide den gleichen Anteil am jeweiligen Unternehmen repräsentieren. Stammaktien sind vor allem gefragt, wenn das betreffende Unternehmen übernommen werden soll – beispielsweise von einem anderen Unternehmen oder einem Großinvestor. Da dieser nur mithilfe der Stimmrechte mitreden darf, wird er überwiegend Stammaktien kaufen. Deren Kurse steigen also. Nach einer Übernahme gleichen sich die Kurse von Stamm- und Vorzugsaktien wieder aneinander an. Dann holen die Vorzugsaktien meist auf und bieten somit attraktive Gewinnchancen.

Was sind Namens- und was sind Inhaberaktien?

Frage: Bei der vollständigen Bezeichnung einer Aktie wird immer angegeben, ob es sich um eine Namens- oder um eine Inhaberaktie handelt. Wo liegt der Unterschied?

Antwort: Neben der Unterscheidung von Vorzugs- und Stammaktien, die Ihnen als Aktionär entweder kein Stimmrecht (und dafür mehr Dividende) oder ein Mitspracherecht einräumen, gibt es auch weitere Unterscheidungen. Regelmäßig wird bei Aktien zwischen Namens- und Inhaberaktien unterschieden. Bei Namensaktien sind Sie als Aktionär der Aktiengesellschaft namentlich bekannt, bei Inhaberaktien ist das nicht der Fall. Diese Unterscheidung hat für Sie als Aktionär allerdings praktisch keine Konsequenzen. Bei Namensaktien kann es lediglich vorkommen, dass die Aktiengesellschaft direkt zu Ihnen als Aktionär Kontakt aufnimmt – etwa, um zur Hauptversammlung einzuladen. Bei Inhaberaktien läuft sämtliche Kommunikation über die Depotbank.

Was sind Standardwerte, was sind Nebenwerte?

Frage: Immer wieder ist von Standardwerten und von Nebenwerten die Rede. Was muss ich mir darunter vorstellen?

Antwort: Aktiengesellschaften werden häufig anhand ihres Börsenwertes, der sogenannten Marktkapitalisierung, in verschiedene Größenbereiche eingeteilt. Die Schwergewichte, die in den großen Länderindizes wie DAX, Dow Jones oder EuroStoxx vertreten sind, sind die Standardwerte (englisch Blue Chips). Aktien von Unternehmen mittlerer Marktkapitalisierung nennen sich Mid Caps. Dazu gehören beispielsweise die Aktien aus dem deutschen MDAX. Darunter folgen die Aktien von Unternehmen mit geringer Marktkapitalisierung, die sogenannten Small Caps. Mid Caps und Small Caps zusammen nennt man auf Deutsch auch »Nebenwerte«.

Sind Nebenwerte »Aktien zweiter Klasse«?

Frage: Ist es richtig, dass der DAX die erste Börsenliga in Deutschland abbildet und der MDAX nur die zweite Liga? Das heißt: Ist es besser, stets in den DAX zu investieren, weil der MDAX nur Aktien zweiter Klassen enthält?

Antwort: Man kann nicht pauschal sagen, dass der DAX besser ist als der MDAX. Im DAX sind die 30 größten deutschen, börsennotierten Unternehmen vereint. Im MDAX folgen die 50 Aktien, die nach den Kriterien Börsenumsatz und Marktkapitalisierung (Börsenwert) die Plätze 31 bis 80 belegen. Sicherlich bieten die DAX-Werte einige Vorteile: Sie sind liquider (können also an der Börse leichter gehandelt werden) und die Informationsbeschaffung ist auch einfacher, da die großen Werte stärker im Fokus der Medien stehen.

Dennoch: Auch die kleineren Werte aus dem MDAX sind für Privatanleger interessant. In den vergangenen Jahren hat der MDAX sogar den DAX bei der Wertentwicklung abgehängt. Aber wie kann es sein, dass die kleinen MDAX-Werte den »großen Bruder« DAX schlagen? In der Theorie müssten die Börsenschwergewichte, die Blue Chips, mehr Kapital anziehen. Für den MDAX sprechen jedoch gleich ein halbes Dutzend Gründe:

- **Der bessere Branchen-Mix.** Der DAX leidet seit 2008 unter den Finanzwerten aus der Banken- und Versicherungsbranche. Im DAX sind 2 Banken und 2 Versicherungen vertreten. Obwohl es im MDAX mehr Unternehmen gibt, finden Sie dort aktuell mit der Aareal Bank, Talanx und der Versicherung Hannover Rück nur drei Finanzwerte. Während Finanzwerte im MDAX untergewichtet sind, ist die Realwirtschaft (Industrie, Konsum) sehr stark vertreten.
- **Im MDAX glänzen die Marktführer.** Im MDAX finden Sie viele Unternehmen, die in ihrer jeweiligen Nische die Marktführung erobert haben und dort bestens verdienen. Denken Sie an Unternehmen wie Rational (50 Prozent Weltmarktanteil Self-Cooking-Center), Fuchs Petrolub (größter unabhängiger Schmierstoffhersteller der Welt) und Fielmann (jede zweite in Deutschland verkaufte Brille stammt von Fielmann).
- **Überproportionale Wachstumsraten.** In den vergangenen Jahren sind die Umsätze und Gewinne im MDAX schneller gewachsen als im DAX.
- **MDAX-Unternehmen als Übernahme-Kandidaten.** Die MDAX-Unternehmen haben oft die perfekte Größe für Übernahmen. Sie sind groß genug für einen Deal, kosten an der Börse jedoch meistens nur 1 bis 10 Mrd. Euro. Diese Größenordnung gilt als gut finanzierbar. Aktuell gelten rund 10 MDAX-Werte als »heiße« Übernahme-Kandidaten.
- **Die DAX-Unternehmen sind im Vergleich zu den MDAX-Werten oft schwerfälliger.** Im DAX landen die 30 größten börsennotierten Unternehmen. Ab einer gewissen Größe wird Wachstum jedoch schwierig. Die Unternehmen, die in den DAX aufsteigen, haben oft die besten Wachstumsjahre schon hinter sich.
- **Der DAX leidet unter Index-Investoren.** Wenn ein internationaler Investor den deutschen Aktienmarkt abdecken will, kauft er in der

heutigen Zeit oft einen Index-Fonds auf den DAX. In schlechten Zeiten wird dann auch gleich der ganze Index verkauft. Das führt dazu, dass oft viele DAX-Unternehmen im Gleichklang laufen und gute Unternehmensmeldungen nicht mehr so stark belohnt werden. Es gibt eine Art »Sippenhaft«. Im MDAX können sich die Top-Unternehmen besser an der Spitze halten, weil die Investoren in der zweiten Börsenreihe häufiger Einzelwerte und seltener Index-Fonds kaufen.

Unser Tipp: Kaufen Sie Standard- und Nebenwerte

Setzen Sie auf große DAX-Konzerne ebenso wie auf Nebenwerte aus dem MDAX und SDAX. Mit dieser Mischung haben Sie das beste Verhältnis von Chance und Risiko.

Welche Aktien kaufe ich für den schnellen Erfolg?

Frage: Ich habe gerade einen größeren Bonus erhalten und möchte das Geld gerne in Aktien investieren und mir damit im nächsten Jahr meinen Wunsch vom Traumauto erfüllen. Welche Aktien können Sie mir empfehlen?

Antwort: Das machen Sie besser nicht. Aktien für den schnellen Anlageerfolg zu kaufen, geht in aller Regel schief. Einer der wichtigsten Faktoren für erfolgreiche Aktieninvestments ist Zeit. Sie dürfen bei einem Aktieninvestment auf keinen Fall unter Zeitdruck stehen. Wenn Sie sich schon nächstes Jahr Ihr Traumauto mit dem Geld kaufen möchten, sollten Sie Ihr Geld jetzt nicht in Aktien investieren. Denn selbst wenn Sie Qualitätsaktien auswählen, bleibt für Sie keine Garantie, wie sich die Kurse innerhalb eines Jahres entwickeln, auch wenn das Unternehmen sich stabil entwickelt.

Sehr treffend ist folgendes Bild des Spekulanten und Börsen-Schriftstellers André Kostolany (1906–1999): »Der Börsenkurs verhält sich zur

Wirtschaft wie der Hund zum Spaziergänger: Er läuft oft voraus oder hinterher, kommt aber immer wieder zurück.« Das trifft zumindest auf Qualitätsaktien zu. Allerdings wissen Sie innerhalb des nächsten Jahres nicht, ob der Hund vor- oder hinterherläuft, sprich: ob die Aktienkurse steigen oder fallen. Deshalb gilt folgende Faustregel: Investieren Sie nur Kapital in Aktien, das Sie in absehbarer Zeit nicht brauchen. Also Kapital, das fünf, zehn oder 20 Jahre für Sie arbeiten kann.

Aktienauswahl: Welches sind die wichtigsten Kennzahlen?

Frage: Ich versuche mir gerade umfangreiches Wissen für die Aktienbewertung anzueignen. Können Sie mir sagen, auf welche Kennzahlen ich besonders achten sollte?

Antwort: Bevor Sie einen Überblick über die wichtigsten Aktienkennzahlen erhalten, möchten wir Ihnen einen Rat von Warren Buffett an die Hand legen. Er ist einer der erfolgreichsten Aktienanleger der Welt. Seiner Meinung nach unterscheidet einen guten von einem schlechten Aktienanleger vor allem eine Tätigkeit: Lesen. Jetzt fragen Sie sich bestimmt: »Was denn lesen?« Hier Buffetts Antwort: »Setzen Sie mich für Wochen und Monate ruhig auf eine einsame Insel, und ich kann die besten Aktienentscheidungen treffen auch ohne Zeitung, Börsenmagazine und Börsen-TV. Geben Sie mir aber bitte die Geschäftsberichte und Bilanzen der Unternehmen mit.«

Damit haben Sie schon den Einstieg. Denn die wichtigsten Kennzahlen entnehmen Sie den Geschäftsberichten und den Bilanzen der Unternehmen. Nur damit wird es Ihnen gelingen, Ihr Geld dauerhaft gewinnbringend anzulegen und nicht mit plötzlichen heftigen Verlusten konfrontiert zu werden, von denen sich das Unternehmen nicht mehr erholt. Deshalb sollten Sie Ihre bisher getroffene Aktienauswahl auf diese Kennzahlen prüfen:

1. Jahresüberschuss (= Gewinn)

Den Jahresüberschuss eines Unternehmens errechnen Sie, indem Sie die Aufwendungen eines Jahres von den Erträgen abziehen. Das kann das Kalender-, aber auch das Wirtschaftsjahr der AG sein. Diese Zahl ist der Gewinn des Unternehmens. Allerdings hat der Jahresüberschuss einen großen Nachteil: Er ist leicht durch Bilanztricks zu manipulieren. So werden darin beispielsweise auch Erträge aus Unternehmensbeteiligungen berücksichtigt und nicht nur der operative Gewinn. Bei den Aufwendungen sind Abschreibungen ebenso enthalten wie die gezahlten Steuern. Aus diesen Gründen können Sie den Jahresüberschuss für den internationalen Vergleich nur eingeschränkt verwenden.

2. EBIT (= operativer Gewinn, international vergleichbar)

Wenn Sie internationale Unternehmen miteinander vergleichen wollen, fahren Sie mit dem EBIT (Earnings before Interest and Taxes) besser. Auch das EBIT kennzeichnet den Gewinn. Es ist Ausdruck des operativen Ergebnisses, allerdings bevor Zinsen an die Kreditgeber beziehungsweise Anleihegläubiger und Steuern an den jeweiligen Staat gezahlt werden. Doch auch hier heißt es: Vorsicht! Denn auch Einkünfte, die nicht unbedingt zum Kerngeschäft einer Aktiengesellschaft gehören, wie beispielsweise Pachten, finden sich im EBIT wieder.

3. EBITDA

Das EBITDA wird häufig bei Unternehmen angegeben, die so viel investiert haben, dass unterm Strich nichts (oder sogar ein Minus) übrig bleibt. Diese Kennzahl wird somit vor allem bei jungen Aktiengesellschaften angewendet, die stark wachsen und noch keine Gewinne machen. Diese haben in der Regel viel Geld investiert. Sie müssen hohe Abschreibungen (also Wertminderungen ihrer getätigten Investitionen) in Kauf nehmen. Der Begriff EBITDA bedeutet »Earnings before Interest, Taxes, Depreciation and Amortisation«, zu Deutsch »Gewinn vor Zinsen, Steuern und Abschreibungen auf materielle und immaterielle Wirtschaftsgüter«. Zum Jahresüberschuss werden hier also die Zinsen wieder hinzugerechnet, die das Unternehmen für geliehenes Fremdkapital ausgegeben hat. Ebenso hinzugezählt werden die Steuern, die es zahlen musste. Zuletzt wird der materielle und immaterielle Abschreibungsaufwand hinzugezählt. Man tut also so, als gäbe es keine laufende Wertminderung für die gekauften Maschinen, Anlagen, Patent- und Markenrechte. Hintergrund für diese Kennzahl ist die Überlegung, dass ja auch der Aufwand für Zinsen, Steuern und Abschreibungen irgendwie erwirtschaftet sein will.

Das EBITDA macht Unternehmen international vergleichbar, denn es ist nicht von Belang, ob ein Unternehmen in einem Hoch- oder einem Niedrigsteuerland angesiedelt ist.

Es macht zudem Unternehmen vergleichbar, die sich zu unterschiedlichen Konditionen Geld leihen. Denn es ist nicht von Belang, ob viele oder wenig Zinsen für Kredite und am Markt platzierte Anleihen gezahlt werden müssen.

Und schließlich macht das EBITDA Unternehmen verschiedener »Reifegrade« miteinander vergleichbar, weil es keine Rolle spielt, ob ein Unternehmen gerade in einer Investitionsphase ist und viel Geld für Maschinen, Anlagen, sonstige Technologien oder die Markenbildung ausgeben muss oder ob es die notwendigen Investitionen längst schon getätigt hat.

Aber Vorsicht

Das EBITDA kann als Gewinngröße positiv sein, obwohl ein Unternehmen unter dem Strich Verluste schreibt (negativer Jahresüberschuss, negatives EBIT). Wenn also ein Unternehmen außerhalb einer Investitionsphase nur das EBITDA ausweist, lassen Sie besser die Finger davon. Denn möglicherweise handeln Sie sich damit sonst einen Verlustbringer ein.

4. Operativer Cashflow

Diese Zahl ist die wichtigste Zahl für Großinvestoren, da sie einiges über den Erfolg einer AG in der zurückliegenden Periode verrät und weniger leicht manipuliert werden kann als Jahresüberschuss, EBIT und EBITDA. Der operative Cashflow gibt an, wie erfolgreich ein Unternehmen in einer bestimmten Zeit mit seinem operativen Geschäft war, also mit seinem Kerngeschäft. Er besagt damit, was unterm Strich in der Kasse übrig geblieben ist. Um den operativen Cashflow zu erhalten, werden alle Größen aus dem Jahresüberschuss herausgerechnet, die keine Zahlungsströme veranlasst haben und nicht zum operativen Geschäft gehören.

So enthält der operative Cashflow beispielsweise keine Erträge aus verkauften Unternehmensbeteiligungen. Wenn also ein Unternehmen sein Tafelsilber verkauft und nur dadurch schwarze Zahlen schreibt, ist der operative Cashflow trotzdem negativ und täuscht somit keine Gewinne vor. Das Manko an dieser Kennzahl: Ein Cashflow-Vergleich zwischen einzelnen Unternehmen aus unterschiedlichen Branchen ist kaum möglich.

5. Eigenkapitalquote

Die Eigenkapitalquote macht eine Aussage darüber, wie hoch der Anteil des Eigenkapitals am Gesamtkapital einer Aktiengesellschaft ist. Sie wird in Prozent ausgedrückt. Je höher der Prozentsatz liegt, desto weniger verschuldet ist die Aktiengesellschaft. Im Umkehrschluss steht eine niedrige Eigenkapitalquote für einen hohen Schuldenanteil. Dann hängt das Unternehmen am Tropf von Banken und sonstigen Kreditgebern und ist dadurch hochgradig gefährdet. Denn allzu schnell kann dem Unternehmen in der Krise der Kredithahn zugedreht werden.

6. Kurs-Gewinn-Verhältnis (KGV)

Den Begriff KGV oder auch ausgeschrieben Kurs-Gewinn-Verhältnis ist Ihnen sicherlich schon zu Ohren gekommen. Das KGV ist die gängigste Bewertungskennzahl für Aktien. Im angelsächsischen Raum wird es auch Price-Earnings Ratio (PER) genannt. Das KGV zeigt Ihnen an, mit welchem Vielfachen des Jahresgewinns ein Unternehmen an der Börse bewertet wird. Sprich, es beantwortet die Frage, wie viele Jahre es bei gleichbleibenden Gewinnen dauern würde, bis allein durch die Gewinne des Unternehmens wieder das Geld hereinkommt, das Sie als Anleger in die Aktie investiert haben. Ein niedriges KGV kann, muss aber nicht zwingend ein Kaufargument sein. Unterschiedliche Gründe können dafür verantwortlich sein, dass die Aktie günstig bewertet ist, aber trotzdem nur wenig Kurspotenzial bietet:

- Das Unternehmen hat eine geringe Umsatz- und Gewinndynamik.
- Das Unternehmen verfügt über geringe Ressourcen (z. B. eine Minengesellschaft mit fast erschöpften Erzvorkommen).
- Laufende Klagen belasten die zukünftigen Gewinnaussichten (zum Beispiel damals bei der Aktie BP nach der Ölkatastrophe im Golf von Mexiko).
- Mischkonzerne werden fast immer mit einem Abschlag gehandelt (eine Ausnahme ist die Beteiligungsgesellschaft Berkshire Hathaway von Warren Buffett).
- Unternehmen aus Branchen mit geringen Wachstumsaussichten werden niedrig bewertet (viele Unternehmen aus den Branchen Telekommunikation, Versorger oder Versicherungen weisen ein optisch niedriges KGV von unter 10 auf).

Wenn Sie also eine Aktie ausgewählt haben, die ein niedriges KGV aufweist, sollten Sie in einem ersten Schritt überprüfen, wie hoch die direkten Mitbewerber in der gleichen Branche bewertet werden. Anschließend stellt sich die Frage, welche Wachstums- und Gewinnaussichten die Branche und das ausgesuchte Unternehmen haben. Zum Schluss sollten Sie sich über weitere mögliche Risiken informieren. Fallen alle Punkte

positiv aus, ist das niedrige KGV ein wichtiges (aber nicht einzig ent-
scheidendes) Kaufargument. Insgesamt ist das KGV aber ein sehr wichtiges Hilfsinstrument, mit dem günstige und überbewertete Aktien voneinander unterschieden werden können.

Die richtige Auswahl des Bezugsjahres

Ein möglicher Schwachpunkt beim KGV ist die schwierige Auswahl des Bezugsjahres. Sie brauchen für die Berechnung des KGV den Gewinn je Aktie. Für
das vergangene Geschäftsjahr liegen hier gesicherte Daten vor. Dieses Daten-
material ist allerdings schon wieder veraltet, da an der Börse nur zukünftige Gewinne zählen. Der Gewinn je Aktie für das laufende Geschäftsjahr oder künf-
tige Geschäftsjahre ist aussagekräftiger. Allerdings kann dieser zum aktuellen
Zeitpunkt nur geschätzt werden. Den meisten KGV-Angaben zum laufenden
und zu allen künftigen Jahren liegen Konsensschätzungen mehrerer Analysten
zugrunde. Trotzdem sollten Sie sich nicht allzu blauäugig auf diese Schätzungen
verlassen, vor allem nicht, wenn Sie nur auf den Schätzungen eines einzigen
Analysten beruhen.

Aktienauswahl: Welche Kriterien sprechen abseits von Kennzahlen für eine empfehlenswerte Aktie?

Frage: Die wichtigsten Kennzahlen für die Aktienbewertung kenne ich
bereits. Doch gibt es auch zusätzliche Kriterien, die ich ohne Kennzahlen
für meine Aktienauswahl hinzuziehen kann?

Antwort: Ja, es gibt auch Kriterien, die Sie abklopfen können, wenn Sie
Ihre Aktienauswahl überlegt treffen möchten. Folgende Kriterien sprechen abseits aller Kennzahlen für den langfristigen Erfolg eines Unternehmens.

1. Bekannte Marke(n)

Ein bekannter Markenname gibt Ihnen einen Hinweis darauf, dass das Unternehmen eine große Macht bei der Preissetzung besitzt. Für Markenartikel sind die Kunden in der Regel bereit, mehr Geld auszugeben als für ein namenloses Billigprodukt. Zudem ermöglicht ein bekannter Markenname die weltweite Expansion. Hat sich eine bekannte Marke beispielsweise in der westlichen Welt etabliert, gilt sie oft auch in Asien kurz darauf als begehrt.

Je höher der Bekanntheitsgrad, desto höher ist der Wert der Marke. Die bekannteste Markenberatung der Welt, Interbrand, beziffert den Wert der Marke »Coca-Cola« auf 70,5 Mrd. US-Dollar. McDonald's kommt laut Interbrand auf einen Markenwert von 33,6 Mrd. US-Dollar.

Der Unternehmensname muss aber nicht zwangsläufig identisch sein mit der Produktmarke. Das beste Beispiel hierfür ist das riesige Markenportfolio des amerikanischen Konsumgüterkonzerns Procter & Gamble mit Marken wie Pampers, Ariel, Lenor, blend-a-med, Gillette und Wella. Wenn Sie auf Markenunternehmen setzen, können Sie in der Regel davon ausgehen, dass dies ein Kriterium für einen langfristigen Erfolg ist.

2. Dividendenpolitik

Auch die Dividende gehört zu den wichtigsten Kriterien, denn sie ist eine der wichtigsten Einnahmequellen bei Ihren Börseninvestments. Schauen Sie sich die Dividendenpolitik des jeweiligen Unternehmens an. Zahlt es regelmäßig attraktive Dividenden, ist das ein Hinweis darauf, dass das Geschäftsmodell in guten und schlechten Konjunkturzeiten funktioniert. Unternehmen können kurzfristig die Aktionäre täuschen und Dividenden aus der Substanz zahlen. Aber auf Dauer ist das nicht möglich. Hohe und stetige Dividenden sind daher ebenfalls ein Qualitätsmerkmal.

Auch bei diesem Kriterium bieten sich Coca-Cola und Procter & Gamble als Beispiele an. Denn die US-Unternehmen sind vorbildliche Dividendenzahler. Beide haben in den vergangenen fünf Jahrzehnten Jahr für Jahr die Dividende erhöht. Eine Dividendenstärke wie diese zeigt Ihnen als Anleger, dass das Unternehmen, in das Sie investieren möchten, bislang resistent gegen Konjunktureinbrüche war und in Zukunft voraussichtlich auch bleiben wird.

3. Produktportfolio

Auch ein Blick auf die Produkte kann für Sie ein Kriterium für oder gegen eine Aktieninvestition sein. Langfristig besonders attraktiv sind Unternehmen, die Produkte von Gütern des täglichen Bedarfs herstellen. Der Hintergrund: Diese Unternehmen haben besonders zu Krisenzeiten die besten Überlebenschancen, weil sich die Verbraucher nicht dem Konsum entziehen können. Sie können beispielsweise den Kauf eines Autos um zwei oder drei Jahre verschieben, wenn Sie gerade nicht genügend Geld dafür haben. Ähnlich ist es mit dem Bau eines Eigenheims.

Doch die Zähne müssen auch zu Krisenzeiten geputzt werden. Genauso wie die Wäsche gewaschen werden muss und Sie Essen und Trinken brauchen. Hersteller von Konsumartikeln und Nahrungsmitteln überleben daher auch schwerste Konjunkturkrisen ohne gravierende Einbrüche.

4. Krisenhistorie

Sie sollten sich darüber hinaus auch die Krisenhistorie des jeweiligen Unternehmens ansehen. Denn jede Krise löst eine Pleitewelle aus. Wenn das von Ihnen ausgewählte Unternehmen bereits mehrere Krisen überstanden hat, können Sie davon ausgehen, dass Sie eine Qualitätsaktie ausgewählt haben.

Eine solche Historie fehlt in der Regel bei Unternehmen, die neu an der Börse sind. Deshalb sind Börsenneulinge stets mit Vorsicht zu genießen. Gerade in Boom-Phasen sprießen Unternehmen an der Börse wie Pilze aus dem Boden, die zwar einem bestimmten Modetrend folgen, aber eigentlich noch gar nicht reif für einen Börsengang sind. Die erste schwerwiegende Krise überleben diese Unternehmen jedoch selten. Vorsicht sollten Sie erst recht bei Unternehmen an den Tag legen, die von einem Finanzinvestor an die Börse gebracht wurden. Die Finanzinvestoren wollen mit dem Verkauf von Unternehmen, die zunächst mehrheitlich in ihrer Hand sind, möglichst schnell hohe Gewinne erwirtschaften. Sie werden daher die Beteiligungen so schnell und so teuer wie möglich verkaufen. Ein »Schnäppchenkurs« ist der Emissionskurs (also der Kurs am ersten Handelstag an der Börse) daher meist nicht, sonst hätte der Finanzinvestor einen schlechten Job gemacht.

Finger weg von Börsenneulingen!

Deshalb sollten Sie Börsenneulinge immer ganz genau prüfen. Hinterfragen Sie das Geschäftsmodell und den Grund, warum das Unternehmen gerade jetzt an die Börse gekommen ist. Wer verkauft? Erscheint Ihnen der Verkaufspreis angemessen? Sie können hier zwar theoretisch auf ungeschliffene Diamanten treffen. Doch in der Praxis sind die Risiken, sich für teures Geld eine nicht sonderlich werthaltige Aktie ins Depot zu holen, meist deutlich höher.

5. Internationale Geschäfte

Wenn Ihr ausgewähltes Unternehmen seine Geschäfte weltweit abwickelt, können Sie dies als positives Kriterium werten. Denn die Konjunktur läuft global nicht immer im gleichen Takt. Unternehmen, die nicht nur von einem Land, einem Kontinent oder einer Region abhängig sind, schneiden langfristig besser ab. Sie können Krisen in bestimmten Gebieten mit ihrem Standbein in anderen Ländern und Regionen kompensieren.

6. Verständliches Geschäftsmodell

Ein einfaches Geschäftsmodell ist ebenfalls ein Kriterium, das für ein Unternehmen spricht. Denn die Vergangenheit hat gezeigt: Unternehmen mit einem einfachen Geschäftsmodell überstehen Krisen gut und können zudem von den Anlegern besser kontrolliert werden. Die Kontrollmöglichkeit ist auch für Sie als Privatanleger wichtig. Sie sollten jede Aktienposition regelmäßig auf ihre Chancen und Risiken überprüfen. Halten Sie ein Geschäftsmodell für überholt oder verstehen Sie nicht, wie ein Unternehmen in Zukunft seine Gewinne erwirtschaften will, trennen Sie sich besser von der betreffenden Aktie.

7. Performance

Die Performance ist die »Leistung« (= Kursgewinne und Dividenden), die die Aktie in der Vergangenheit gezeigt hat. Wenn Sie mit der ausgewählten Aktie langfristig Geld verdienen möchten, sollten Sie sich die 10-Jahres-Performance des Unternehmens ansehen. Diese sollte positiv sein. Auf diese Weise können Sie meist sofort feststellen, ob Ihr ausgewähltes Unternehmen krisensicher ist oder nicht.

Was ist das KGV und warum spielt diese Kennzahl bei der Aktienauswahl eine so große Rolle?

Frage: Bei Ihren Empfehlungen lese ich immer, dass die Aktie ein gutes KGV (Kurs-Gewinn-Verhältnis) aufweist. Können Sie mir erklären, was es damit genau auf sich hat?

Antwort: Das Kurs-Gewinn-Verhältnis ist das am häufigsten herangezogene Merkmal für die Aktienbewertung. Es macht eine Aussage darüber, mit welchem Vielfachen des Jahresgewinns ein Unternehmen an der Börse bewertet wird. Zur Berechnung wird der Gewinn pro Aktie durch den Aktienkurs geteilt (oder der Gesamtgewinn durch die Marktkapitalisierung, also den Börsenwert). Die Richtgröße für ein günstiges KGV ist 10, der Marktdurchschnitt liegt bei rund 15. Ein niedriges KGV ist isoliert betrachtet aber noch kein Kaufargument. Wenig Kurspotenzial bietet eine Aktie, wenn die Gewinnaussichten schlecht sind

Das KGV berechnen Sie, in dem Sie den Aktienkurs durch den Gewinn pro Aktie dividieren. Allerdings ist das KGV als Bewertungskennzahl nicht unumstritten. Denn der Jahresüberschuss, der die Grundlage für die Berechnung bildet, kann von den Unternehmen manipuliert werden. Mit legalen Bilanzierungstricks können diese den Kurs in die gewünschte Richtung lenken, etwa indem Rückstellungen gebildet und Abschreibungen vorgenommen werden. Das KGV ist daher immer mit einer gewissen Vorsicht zu genießen.

Wo bekomme ich ältere Kennzahlen her?

Frage: Ich möchte eine Aktie nicht nur anhand der aktuellen Zahlen bewerten. Wo finde ich ältere Geschäftszahlen für einen Mehrjahresvergleich?

Antwort: Es ist genau richtig, mehrere Geschäftsjahre eines Unternehmens zu betrachten, um eine Aktie auszuwählen. Ein einzelnes Geschäftsjahr kann immer ein Ausrutscher nach oben oder unten sein.

Fast alle seriösen Unternehmen bieten auf ihren Internetseiten einen Mehrjahresvergleich der wichtigsten Kennzahlen an. Sie müssen nur in der Rubrik »Investor Relations« suchen. Dort sollte es einen entsprechenden Unterpunkt geben. Falls Sie dort nicht fündig werden, gibt es weitere Optionen: Oft finden Sie im aktuellen Geschäftsbericht für das abgeschlossene Geschäftsjahr eine Tabelle mit einem Mehrjahresüberblick. Falls dort nur die Zahlen von einem oder zwei Jahren auftauchen, müssen Sie etwas Zeit investieren und die letzten fünf oder zehn Jahresberichte öffnen. Dort können Sie jeweils die Daten für das entsprechende Jahr kopieren und daraus eine große Gesamtdatei mit einem 10-Jahres-Rückblick basteln. In den Folgejahren brauchen Sie dann immer nur die Daten für ein Jahr ergänzen und erhalten so eine wunderbare Datenbank.

Aber wie gesagt: Die meisten börsennotierten Unternehmen nehmen Ihnen diese Arbeit ab und liefern von sich aus alle Daten kompakt in einer Datei.

Hauptversammlung schon im Januar – wie kann das sein?

Frage: Die meisten Unternehmen veröffentlichen im Februar oder März die Zahlen für das abgelaufene Geschäftsjahr. Wie kann es sein, dass ein DAX-Konzern wie Siemens bereits im Januar die Hauptversammlung abhält und dort über das vergangene Geschäftsjahr berichtet?

Antwort: Ihre Beobachtungen sind richtig. Die meisten Unternehmen veröffentlichen im Februar oder März die Zahlen. Die Hauptversammlung findet dann meistens im Mai, Juni oder Juli statt. Dieser zeitliche Ablauf gilt für die Unternehmen, deren Geschäftsjahr am 31. Dezember eines Jahres endet. Das ist die große Mehrheit.

Mit Siemens haben Sie allerdings ein Unternehmen herausgepickt, das einen anderen zeitlichen Ablauf hat. Das Geschäftsjahr bei Siemens läuft vom 1. Oktober bis zum 30. September des Folgejahres. Daher kann Siemens bereits Ende des Kalenderjahres Zahlen präsentieren und im Januar die Hauptversammlung abhalten. Wenn Unternehmen ein »gebrochenes« Geschäftsjahr wählen, also ein Geschäftsjahr, das nicht identisch ist mit dem Kalenderjahr, hat das in der Regel historische Gründe. Denkbar ist auch, dass das Geschäftsmodell jahreszeitlichen Schwankungen unterliegt, sodass ein Stichtag mitten im Kalenderjahr eine größere Aussagekraft besitzt als der Stichtag 31. Dezember.

Was bedeutet ein Kursanstieg oder Kursrutsch für das jeweilige Unternehmen?

85

Was bedeutet ein Kursanstieg oder Kursrutsch für das jeweilige Unternehmen?

Frage: Welchen Einfluss haben steigende oder fallende Aktienkurse auf die jeweiligen börsennotierten Unternehmen?

Antwort: Es gibt keinen direkten Einfluss der Aktienkurse auf die jeweilige Aktiengesellschaft. Das Unternehmen hat die Aktien beim Börsengang am Markt platziert und dafür einen festgelegten Preis erhalten. Dieses Geld hat das Unternehmen eingenommen und konnte damit arbeiten. Ob der Aktienkurs danach steigt oder fällt, hat keinen Einfluss auf das Unternehmen.

Allerdings hat das Unternehmen dennoch großes Interesse daran, dass sich der Aktienkurs positiv entwickelt. Das hat mehrere Gründe: Zum einen ist ein Aktienkurs ein Indikator für den Geschäftserfolg. Steigt der Kurs, ist das ein Zeichen dafür, dass es dem Unternehmen gut geht. Fällt der Aktienkurs in Richtung 0, ist das ein Warnsignal, das auf eine mögliche Pleite hindeutet. Dieses Signal werden auch die Zulieferer und Kunden erkennen und unter Umständen weitere Geschäfte mit dem Unternehmen vermeiden. Dann wäre auch das operative Geschäft vom Kurssturz betroffen.

Zum anderen braucht fast jedes Unternehmen irgendwann für Wachstumspläne frisches Kapital. Dann bietet sich eine sogenannte Kapitalerhöhung an. Das Unternehmen wird neue Aktien am Markt verkaufen. Das klappt aber nur dann zu einem guten Preis, wenn die bisherigen Aktionäre in der Vergangenheit schöne Gewinne kassiert haben und zusätzliches Geld investieren, da sie auf eine Fortsetzung des Aufwärtstrends bauen. Ist vorher der Kurs immer nur gefallen, werden die neuen Aktien zum Ladenhüter. Daher profitieren auch die börsennotierten Unternehmen von steigenden Kursen.

Hinzu kommt: Viele Manager erhalten einen Gehaltsbonus in Form von Aktien des eigenen Unternehmens. Daher werden die Manager auf jeden Fall versuchen, den Aktienkurs zu stützen.

Plötzlicher, starker Kursrutsch: Woran kann das liegen?

Frage: Ich besitze seit Jahren Nestlé-Aktien. Die Aktie steigt auf Jahressicht immer um einige Prozent und schwankt nur selten. Im April war die Nestlé-Aktie aber einmal Tabellenschlusslicht an der Schweizer Börse und hat über 3 Prozent auf Tagesbasis verloren. Für Nestlé ist das sehr ungewöhnlich. Haben Sie eine Erklärung für diesen »Ausrutscher«?

Antwort: Eine Kursveränderung von 3 Prozent auf Tagesbasis ist für eine »normale« Aktie nicht ungewöhnlich, aber im Fall der ruhigen Nestlé-Aktie doch eher selten. Es gibt aber für diese Kursbewegung eine einfache Erklärung. In der entsprechenden Woche hat Nestlé die Dividende ausgeschüttet. Pro Nestlé-Aktie wurden rund 2 Schweizer Franken ausgeschüttet. Am Tag der Dividendenausschüttung können Sie regelmäßig beobachten, dass der Aktienkurs im Gleichklang mit der Dividendenhöhe fällt. Zahlt ein Unternehmen 3 Euro Dividende pro Aktie aus, fällt der Kurs am gleichen Tag um etwa 3 Euro. Das wird an der Börse »Dividendenabschlag« genannt.

Dieser Effekt verschwindet allerdings relativ schnell wieder. Ein Analystenteam hat ausgerechnet, dass es in der Vergangenheit durchschnittlich rund 6 Wochen gedauert hat, bis diese kleine Kursdelle wieder verschwunden ist. Die Dividendenausschüttung ist daher kein Nullsummenspiel (Kursverlust löscht Dividende aus). Im 12-Monats-Chart ist die kleine Kursdelle nach der Dividendenausschüttung oft gar nicht mehr sichtbar.

Was sind Dividenden und welche Arten von Dividenden gibt es?

Frage: Dass die Gewinnausschüttungen von Unternehmen an die Aktionäre Dividenden heißen, ist mir klar. Gibt es da noch weitere Unterscheidungen?

Was sind Dividenden und welche Arten von Dividenden gibt es?

87

Antwort: Das Wort Dividende bezeichnet an der Börse die Ausschüttung, die ein Unternehmen an seine Aktionäre leistet. Dabei werden folgende Formen unterschieden: Bardividende, Bonus- und Sonderdividende und Stockdividende.

Bardividende: die klassische Gewinnbeteiligung

Die bekannteste Form der Dividende ist die Bardividende, also eine Ausschüttung von Bargeld, die in Deutschland üblicherweise einmal pro Jahr vorgenommen wird (in den USA gibt es dagegen oft Quartalsdividenden, die alle drei Monate ausgeschüttet werden. Der Grund: In den USA sind Aktien ein Standbein der Altersvorsorge. In der Rentenphase benötigen die Aktionäre regelmäßige Ausschüttungen). Üblicherweise erhalten die Aktionäre in Deutschland ihre Bardividende für das abgelaufene Geschäftsjahr am ersten Arbeitstag nach der Hauptversammlung. Eine Dividende erhalten alle Aktionäre, die am Tag der Hauptversammlung im Besitz der betreffenden Aktie sind (in den USA oder auch in Großbritannien gelten andere Stichtage).

Bonus- und Sonderdividende: wenn zu viel Cash im Unternehmen ist

Bonus- und Sonderdividenden sind die Ausnahme und nicht die Regel. Gezahlt werden sie vor allem dann, wenn ein Unternehmen sehr viel Bargeld in der Kasse hat, das nicht für Investitionen gebraucht wird. Dieses Bargeld kann aus dem operativen Geschäft stammen, häufig aber stammt es auch aus dem Verkauf von Unternehmenssparten oder Tochterunternehmen.

Stockdividende: Gratisaktien für Aktionäre

Kein Bargeld, sondern Aktien erhalten Aktionäre, die in den Genuss einer Stockdividende kommen. Denn das englische Wort »Stock« bedeutet nichts anderes als »Aktie«. Jeder Aktionär erhält pro Aktie einen bestimmten Anteil neuer Aktien, zum Beispiel eine neue Aktie für 10 vorhandene. Diese neuen Aktien kann er über die Börse verkaufen und damit seinen Gewinn realisieren. Er kann sie aber auch behalten und darauf hoffen, dass auch diese neuen Aktien ihm künftig Kurssteigerungen und Dividendenzahlungen bescheren. Ausländische Aktiengesellschaften bieten zum Teil ein Wahlrecht: Die Anteilseigner können vor der Dividendenzahlung frei entscheiden, ob sie lieber Bargeld oder Aktien erhalten möchten.

Wie sorge ich dafür, dass mir die Dividende meiner Aktien ausgezahlt wird?

Frage: Wie erhalte ich die Dividende einer Aktiengesellschaft?

Antwort: Die gute Nachricht: Sie erhalten die Dividende automatisch auf Ihr Konto gutgeschrieben und müssen nicht aktiv eingreifen. Ihre Depotbank kennt Ihren Aktienbestand und teilt Ihnen die fällige Dividende zu. Das war früher viel komplizierter und mit mehr Arbeit verbunden. Damals mussten die Dividendenkupons erst vom Aktienbesitzer ausgeschnitten und eingereicht werden.

Wie wird die Dividende auf die vielen Aktionäre verteilt?

Frage: Wie läuft das mit der Dividende? Erhält jeder Aktionär eine feste Ausschüttung oder ist das von der Anzahl der Aktien abhängig?

Antwort: Entscheidend ist die Anzahl der Aktien. Beispiel: Aktionär A besitzt 1 Aktie und Aktionär B besitzt 100 Aktien. Die Dividende beträgt 2 Euro. Dann erhält Aktionär A 2 Euro und Aktionär B 200 Euro.

Doppelbesteuerung von Auslandsdividenden: Sollte ich deshalb nur deutsche Aktien kaufen?

Frage: Mich interessieren Aktien mit hoher Dividendenrendite. Ist es richtig, dass ich als deutscher Anleger nur deutsche Aktien kaufen sollte, da ich ansonsten bei den Dividenden mit einer doppelten Besteuerung im In- und im Ausland rechnen muss und so die Dividende zu stark schrumpft?

Antwort: Es kann bei Auslandsaktien in der Tat eine sogenannte Doppelbesteuerung eintreten, die Sie aber später vom Finanzamt korrigieren lassen können. Wer das Besteuerungsrecht hat und wie eine Rückerstattung der zu viel gezahlten Steuer möglich ist, wird in den meisten Fällen in bilateralen Steuerabkommen geregelt. Bei diesen Steuerabkommen zwischen zwei Staaten handelt es sich um Doppelbesteuerungsabkommen (oder wie es eigentlich korrekt heißen müsste: Abkommen zur Vermeidung der Doppelbesteuerung). Der Name sagt es schon: Sie müssen Dividenden in diesen Fällen nicht doppelt versteuern.

Lassen Sie den ersten Antrag auf Erstattung vom Steuerberater ausfüllen

In der Praxis gestaltet sich die Beantragung der Steuererstattung relativ schwierig. Deshalb würde ich Ihnen dazu raten, sich mit dieser speziellen Thematik an Ihren Steuerberater zu wenden. Es wird sich in finanzieller Hinsicht lohnen. Wenn Sie eine Mustervorlage für Ihr Finanzamt haben, können Sie die entsprechenden Anträge in den Folgejahren ohne fremde Hilfe ausfüllen.

Wie wichtig ist die Dividende bei der Aktienauswahl?

Frage: Mit einem guten Anlegerfreund hatte ich letztens eine sehr hitzige Diskussion über die Dividende. Wir haben uns gefragt, wie sinnvoll es ist, sie zur Aktienauswahl heranzuziehen. Wie sehen Sie das?

Antwort: Die Dividende wird von vielen Anlegern unterschätzt. Langfristige Studien haben gezeigt, dass Sie mit Aktien Durchschnittsrenditen von 8 bis 10 Prozent erreichen können. Dabei sind Kursgewinne allerdings nur ein Bestandteil. Mindestens ein Drittel Ihrer Gewinne hängt von den Dividenden ab. In wachstumsschwachen Phasen sind es sogar über 50 Prozent.

Zahlt ein Unternehmen jährlich Dividenden in Höhe von 4 bis 5 Prozent des Kurses aus, haben Sie 50 Prozent des Potenzials schon erreicht. Sie berechnen diese sogenannte Dividendenrendite, in dem Sie die Dividenden durch den Aktienkurs teilen.

Allerdings gibt es hierbei ein methodisches Problem. Denn es stellt sich immer die Frage, welche Dividende für die Berechnung herangezogen wird: die gezahlte oder die zu erwartende. Wenn Sie mit der bereits gezahlten Dividende rechnen, haben sie natürlich sichere Zahlen. Dafür lässt sich aus der alten Dividendenzahlung aber nur schlecht auf die zukünftige Entwicklung schließen. Wählen Sie die erwartete Dividendenausschüttung, müssen Sie wissen, dass es sich dabei um eine Schätzung handelt. Sie wissen also nicht, ob die erwartete Dividende auch tatsächlich ausgeschüttet wird.

Ist eine hohe Dividende ein gutes Kaufargument?

Frage: Ist es sinnvoll, sich bei der Aktienauswahl an der Höhe der Dividende zu orientieren?

Antwort: Da heißt es aufgepasst. Sie sollten die Ausschüttungsquote stets mit berücksichtigen. Die Ausschüttungsquote ist einfach zu verstehen: Es handelt sich dabei um den prozentualen Anteil der ausgeschütteten Dividendensumme am Unternehmensgewinn.

Eine Ausschüttungsquote von 20 Prozent bedeutet: 20 Prozent des Gewinns landen in Form von Dividenden auf den Konten der Aktionäre.

Bei einer Ausschüttungsquote von 50 Prozent wird die Hälfte des Gewinns ausgeschüttet, bei einer Ausschüttungsquote von 100 Prozent wird alles ausgeschüttet. Wenn ein Unternehmen 50 Prozent der Gewinne in Form von Dividenden ausschüttet und 50 Prozent für spätere Investitionen zurückhält, ist das eine gute und ausgewogene Quote. Wenn das Unternehmen dagegen 100 Prozent des Gewinns ausschüttet, kann die Dividendenrendite für den Aktionär auf dem Papier gut aussehen, doch unter Umständen fehlt dann dem Unternehmen das Kapital für spätere Investitionen. Darunter würde auch der Aktienkurs leiden. Ausnahmen kann es zum Beispiel dann geben, wenn ein Unternehmen schuldenfrei ist. Dann darf die Ausschüttungsquote auch höher sein.

Wie finde ich den günstigsten Zeitpunkt für einen Aktienkauf?

Frage: Ich habe eine Aktie sowohl auf die wichtigsten Kennzahlen als auch nach gängigen Kriterien überprüft und mich für eine Investition entschieden. Allerdings habe ich ein großes Problem: Ich weiß nicht, wann ich einsteigen soll. Wie finde ich den günstigsten Zeitpunkt für einen Aktienkauf?

Antwort: Mit dem berühmten Timing-Problem stehen Sie keinesfalls alleine da. Der Traum vieler Anleger ist es, eine Aktie an einem Kurstiefpunkt zu kaufen und sie wieder zu verkaufen, wenn der Kurs einen neuen Höchststand erreicht hat. Allerdings funktioniert das in der Praxis fast nie.

Trotzdem lässt sich das Timing-Problem relativ leicht lösen. Denn wenn Sie langfristig in Qualitätsaktien investieren möchten, ist der Einstiegszeitpunkt nahezu egal. Teilen Sie Ihr verfügbares Anlagekapital auf und investieren Sie es in mehreren Schritten in die ausgewählten Aktien. Dann ist das Risiko, einen völlig falschen Einstiegszeitpunkt zu erwischen, gering.

Was sind zyklische, was sind nichtzyklische Aktien?

Frage: Ich höre immer wieder von zyklischen Aktien? Was ist das überhaupt? Und was sind dann nichtzyklische Aktien?

Antwort: Als Zyklus bezeichnet man am Aktienmarkt jeweils eine Aufschwung- und eine Abschwungphase. Zyklische Aktien sind Aktien von Unternehmen, deren Gewinne stark von der Konjunktur abhängig und damit an eine Aufschwungphase gebunden sind. Brummt der Konjunkturmotor, dann sprudeln bei zyklischen Aktien die Gewinne. Lahmt dagegen die Konjunktur, dann ist es mit den Gewinnen zyklischer Aktien nicht weit her oder die betreffenden Unternehmen schreiben sogar Verluste. Aktien folgender Branchen gehören zu den zyklischen Aktien:

- Anlagen- und Maschinenbau
- Chemie
- Automobil und Zulieferer
- Stahl und Metall
- Bau und Zulieferer
- Halbleiter- und Chip-Industrie
- Transport und Logistik
- Rohstoffe und Minen

Nichtzyklische Aktien sind dagegen Aktien von Unternehmen, deren Gewinne weitestgehend unabhängig sind vom Konjunkturgeschehen. Vorwiegend handelt es sich dabei um Unternehmen, die Güter des täglichen Bedarfs produzieren. Nichtzyklisch sind somit im Wesentlichen folgende Unternehmen:

- Gesundheits- und Pharmaunternehmen
- Nahrungsmittelhersteller
- Konsumgüterhersteller (Produzenten von Gebrauchsgütern des täglichen Lebens wie Waschmittel oder Zahnpasta)

Ist der Kauf von zyklischen Aktien empfehlenswert?

Frage: Ich möchte mein Geld in zyklische Aktien investieren, weil ich glaube, dass es hierzulande in diesem Bereich sehr gute Unternehmen gibt. Ist das sinnvoll und worauf sollte ich dabei achten?

Antwort: Zyklische Aktien haben durchaus ihren Reiz. Generell sollten zwar eher nichtzyklische Aktien die Basis Ihres Aktiendepots bilden. Das schließt allerdings die Investition in zyklische Aktien nicht grundsätzlich aus, also in Aktien, deren Wertentwicklung wesentlich von der Konjunktur abhängt. Sie haben Recht: In Deutschland gibt es viele Aktien, die trotz der starken Kursschwankungen ein hervorragendes Investment darstellen. Da wäre zum Beispiel der Chemie-Riese BASF. Bei solchen Unternehmen können Sie von regelmäßig hohen Renditen ausgehen, auch wenn es sich hierbei um eine zyklische Aktie handelt.

Bei einem Investment in zyklische Aktien müssen Sie allerdings bedenken: Da die Umsätze und Gewinne wesentlich stärker schwanken, sind auch die Kursausschläge deutlich größer. Deshalb kommen für Sie zwei Strategien infrage, wenn Sie in zyklische Aktien investieren möchten:

- Optimierung von Ein- und Ausstiegszeitpunkt: Sie versuchen, beim Einstieg und Ausstieg die konjunkturellen Wendepunkte zu erreichen. Denn wenn die Auftragsbücher der Unternehmen in der Konjunkturkrise leer sind, bekommen Sie die Aktien extrem günstig. Melden die Unternehmen dagegen Rekordumsätze und -gewinne, kommt die Zeit der Gewinnmitnahmen.
- Langfrist-Investition: Sie ignorieren einfach die extremen Kursbewegungen und setzen darauf, dass die Aktien von erstklassigen zyklischen Unternehmen stark schwanken, aber die Grundrichtung nach oben geht. Hinzu kommt, dass konjunkturabhängige Unternehmen in Boom-Phasen extrem hohe Gewinne erwirtschaften und dass dies die Basis für hohe Dividendenausschüttungen ist. Ein scheinbar negativer Chartverlauf muss dann nicht zwangsläufig bedeuten, dass es sich um ein schlechtes Aktieninvestment gehandelt hat.

Zyklische Investments sind nichts für schwache Nerven

Kaufen Sie keine zyklischen Aktien, wenn Ihnen die Kursschwankungen Bauchschmerzen bereiten. In einer solchen Situation können Sie keine objektiven Entscheidungen treffen. Das provoziert Fehlentscheidungen. Es gibt genug »ruhige«, nichtzyklische Aktien, mit denen Sie gut schlafen können (wenngleich es auch dort immer das Risiko gibt, dass die Kurse zeitweilig fallen).

Was ist ein Aktiensplit und wozu ist er gut?

Frage: Ich habe letztens in der Zeitung von einem Aktiensplit gelesen. Können Sie mir genau erklären, was das ist und wie dieser funktioniert?

Antwort: Bei einem Aktiensplit handelt es sich um eine Maßnahme, mit der Aktien attraktiver werden sollen. Der häufigste Grund für einen Aktiensplit liegt in ihrem hohen Kurs. Kostet eine Aktie 500, 1.000 oder gar 1.500 Euro, dann erscheint sie sehr teuer. Das schreckt mögliche Investoren ab. Dieses Problem löst ein Aktiensplit: Die Zahl der Aktien wird vervielfacht, das Grundkapital bleibt gleich. Dadurch reduziert sich der Kurs pro Aktie. Die Papiere erscheinen den Anlegern günstiger – und somit attraktiver. Durch diesen Mechanismus fließt dem Unternehmen jedoch kein »frisches« Geld zu.

Für Sie als Anleger hat der Aktiensplit keine große Bedeutung. Wenn ein Unternehmen zum Beispiel einen Aktiensplit von 2:1 vornimmt, wird jede alte Aktie gegen zwei neue »umgetauscht«. Durch diese Vorgehensweise verdoppelt sich der Aktienbestand und der Aktienkurs halbiert sich. Der Wert der Aktienposition ändert sich also nicht.

Bei der Durchführung eines Aktiensplits werden die bisherigen Aktien eingezogen und durch Aktien mit einem niedrigeren Nennwert ersetzt. Die Wertpapierkennnummer (WKN) bzw. International Securities Identificiation Number (ISIN) bleibt gleich. Besonders häufig führen USamerikanische Unternehmen Aktiensplits durch. So lautete zum Beispiel die Pressemeldung im August 2012 von Coca-Cola: »Der weltweit größte Getränkehersteller Coca-Cola hat einen Aktiensplit im Verhältnis 2:1 vollzogen.«

Ein Paradebeispiel für die regelmäßige Durchführung von Aktiensplits ist auch die Fastfood-Kette McDonald's. Ohne die seit 1966 durchgeführten Aktiensplits würde die McDonald's-Aktie heute 62.000 US-Dollar kosten. Hier liegt es auf der Hand, dass die Aktie nur deshalb so eifrig an der Börse gehandelt wird, weil der Kurs niedrig genug ist, dass auch Anleger, die weniger als 62.000 US-Dollar in McDonald's investieren möchten, Aktien bekommen.

Generell kann ein Aktiensplit eine positive Kursentwicklung einer Aktie fördern. Sie sollten sich aber trotzdem nicht blenden lassen. Zwar kann man in der Regel davon ausgehen, dass ein Aktiensplit für steigende Kurserwartungen spricht, dennoch sollten Sie die Gesamtlage des Unternehmens nicht aus den Augen lassen und die Perspektiven des Unternehmens in die Betrachtung mit einbeziehen.

Auslandsaktien – wo ordere ich am günstigsten?

Frage: Ist es sinnvoll, eine Auslandsaktie immer an ihrer Heimatbörse zu ordern – oder gibt es sinnvolle Alternativen?

Antwort: Zumindest bei großen, in Deutschland häufig gehandelten Werten ist das nicht immer sinnvoll. Denn die Order an einer Auslandsbörse lassen sich die Depotbanken stets teuer bezahlen.

Unser Spartipp: Schauen Sie nach, ob der betreffende Wert regelmäßig über Xetra oder Frankfurt gehandelt wird. Falls ja, ordern Sie die Aktie dort. Eine Alternative dazu ist die Börse Berlin, an der nicht nur viele ausländische Blue Chips (also Standardaktien) gehandelt werden, sondern auch Nebenwerte. Indem Sie Auslandsaktien an einer inländischen

Börse handeln, sparen Sie sich die oftmals deutlich höheren Ordergebühren ausländischer Börsen.

Wichtig: selten gehandelte Werte immer mit Limit ordern

Bei seltener gehandelten Auslandsaktien sollten Sie bei der Orderaufgabe ein Limit setzen. Dieses Limit ist der Höchstpreis, den Sie zu zahlen bereit sind. Geben Sie hier einen realistischen Kurs ein, etwa den letzten Kurs, der an der liquidesten (Auslands-)Börse gilt, also derjenigen Börse, an der die Aktie am häufigsten gehandelt wird. Dadurch stellen Sie sicher, dass Sie für die Aktie nicht einen zu hohen Preis bezahlen.

Auslandsaktien – wie spare ich Kosten?

Frage: Ich möchte neuerdings auch Auslandsaktien in mein Depot aufnehmen. Haben Sie einen Tipp, worauf ich achten sollte, bevor ich das tue?

Antwort: Ja. Erstens: Achten Sie auf die Ordergebühren. Generell sind Inlandsbörsen günstiger als Auslandsbörsen. Titel, die Sie an einer inländischen Börse erhalten können, sollten Sie auch hier kaufen (Xetra und Frankfurt für ausländische Blue Chips, Börse Berlin für ausländische Nebenwerte).

Achten Sie zudem auf die Gebühren für den Kapitaltransfer ins Inland. Manche Broker erheben nämlich Entgelte dafür, die im Ausland ausgeschütteten Dividenden ins Inland zu transferieren. Prüfen Sie, ob das bei Ihrem Broker der Fall ist. Denn diese Gebühren fallen einmal jährlich an – oder sogar häufiger, wenn mehrere Dividendenzahlungen pro Jahr vorkommen. Diese Kosten können Sie sich schlichtweg sparen, um mehr von Ihrem Investment zu haben. Wählen Sie deshalb unbedingt einen Broker aus, der keine Gebühren für die Gutschrift von Auslandsdividenden erhebt. Wenn Ihr aktueller Broker dies tut, lohnt es sich sogar, bei einem anderen Broker ein Extradepot für Auslandsaktien zu eröffnen und sich damit diese regelmäßigen Kosten zu sparen.

Auslandsdividenden: Was gibt es da zu beachten?

Frage: Das Unternehmen Coca-Cola zahlt vier Mal pro Jahr eine Dividende. Im Internet habe ich gesehen, dass diese Dividende zuletzt bei 1,02 US-Dollar lag. Bedeutet das, dass ich vier Mal die 1,02 US-Dollar ausgezahlt bekomme?

Antwort: Leider ist Coca-Cola nicht ganz so spendabel. Aber Sie haben in der Tat ein etwas schwieriges Thema angesprochen: ausländische Dividenden.

In Deutschland ist die Dividendenregelung relativ einfach. Auf der Hauptversammlung wird eine Dividende beschlossen und diese Dividende wird am ersten Arbeitstag nach der Hauptversammlung an die Aktionäre ausgeschüttet. Da kann es kein Missverständnis geben.

In anderen Ländern ist die Dividendenregelung oft komplizierter. Sie haben in Ihrer Frage das Unternehmen Coca-Cola genannt. In der Tat ist es so, dass viele US-Unternehmen Quartalsdividenden ausschütten. Sie erhalten also als Aktionär alle drei Monate eine Ausschüttung. In den Dividendenlisten, sei es im Internet oder in Börsenzeitschriften, wird aber zu 99 Prozent nicht die Quartalsdividende genannt, sondern die Gesamtjahresdividende (die vier Quartalsdividenden werden in einer Zahl aufsummiert). Coca-Cola hat also im Gesamtjahr die von Ihnen genannte Dividende in Höhe von 1,02 US-Dollar ausgeschüttet.

Da die meisten Internetportale und Datenbanken die Jahresdividende angeben, können Sie mit diesen Daten die Dividenden aus den USA (vier Ausschüttungen pro Jahr), Großbritannien (dort gibt es oft zwei Ausschüttungen pro Jahr) und Deutschland (eine Ausschüttung pro Jahr) ohne große Probleme miteinander vergleichen. Sie müssen dann nicht darauf achten, ob es sich um eine Quartals-, Halbjahres- oder Jahresdividende handelt.

Es stellt sich noch die Frage, warum es mehrere Dividendenvarianten gibt. Das hat auch etwas mit der Aktientradition zu tun. In den USA ist das Aktiensparen weit verbreitet. Viele US-Bürger bauen bei der privaten Altersvorsorge auf Aktien. Diese Anleger sind darauf angewiesen, dass es regelmäßig Ausschüttungen gibt. Das ist praktisch die private Rentenzahlung. Es gibt sogar Unternehmen in Nordamerika, die einmal pro Monat eine kleine Dividende ausschütten. Das ist für Anleger im Ruhestand optimal, wenn laufende Kosten mit den Börsenerträgen beglichen werden müssen.

Fonds & ETFs

Risikostreuung heißt das Gebot der Stunde. Dazu bietet sich der Kauf von Fonds an – oder von ETFs, also börsengehandelten Indexfonds. Was wir in Bezug auf diese Wertpapiergattung an Fragen erhalten haben, wird in diesem Kapitel näher behandelt.

Warum empfehlen Sie trotz hoher Gebühren den Fondskauf?

Frage: Warum empfehlen Sie Fonds, wo doch Fondsgesellschaften und Banken immense Gebühren beim Kauf und für die Verwaltung kassieren? Besser ist doch der Kauf einzelner Aktien.

Antwort: Die negative Einschätzung der Fonds beschreibt oft die Vergangenheit. Früher waren Fonds recht teure Investments. Wenn Sie einen Fonds über die Fondsgesellschaft gekauft haben, mussten Sie mit einem Ausgabeaufschlag von rund 5 Prozent rechnen. Das heißt: Sie haben 1.000 Euro investiert, haben aber nur Fondsanteile für 950 Euro erhalten. Sie sind also schon mit einem Minus von 50 Euro gestartet. Ähnlich sah es bei den jährlichen Verwaltungsgebühren aus, die oft im Bereich von 1 bis 2 Prozent lagen und am Gewinn nagten.

Heute sieht die Situation beim Fondskauf anders aus. Sie können fast alle gängigen Fonds direkt über die Börse kaufen und sparen so den Ausgabeaufschlag. Die Transaktionskosten sind nicht viel höher als beim Aktienkauf. Statt 5 Prozent zahlen Sie beim Einstieg nur 0,2 bis 1,5 Prozent

Spread (Spread = Differenz zwischen Kauf- und Verkaufskurs). Ein solches Minus lässt sich verkraften.

Bei den jährlichen Verwaltungsgebühren sind die Indexfonds, auch kurz ETFs genannt, unschlagbar günstig. Die Kostenbelastung liegt im Regelfall nur bei 0,1 bis 0,5 Prozent pro Jahr. Das sind also keine Renditefresser mehr.

Fazit: Heute sind Fonds nicht mehr so teuer wie früher

Durch den Fondshandel über die Börse und dank des Siegeszuges der Indexfonds (ETFs) wurden die Kosten bei Fondsinvestments extrem nach unten gedrückt. Sie sollten daher Fonds auf keinen Fall grundsätzlich ausschließen.

Wie lässt sich ein kleines Vermögen zwecks Risikostreuung auf mehrere Wertpapiere verteilen?

Frage: Mein Vermögen ist nicht groß genug, um es – wie häufig empfohlen – auf mehrere Wertpapiere zu verteilen. Was kann ich tun?

Antwort: Bei der Geldanlage sollten Sie tatsächlich nie »alle Eier in einen Korb legen«, wie die Börsianer sagen. Sie haben selbst bei einer kleinen Anlagesumme eine Alternative: Sie kaufen Anteile an einem Investmentfonds (kurz: Fonds). Das Geld, das Sie für solche Anteile ausgeben, kommt in einen gemeinsamen Topf mit dem Geld anderer Anleger. Davon werden dann verschiedene Wertpapiere gekauft. Dadurch können Sie Ihr Risiko mit nur einem einzigen Fondsanteil streuen.

Achtung: Nur offene Investmentfonds sind für Privatanleger geeignet

Allerdings sollten Sie aufpassen, dass Sie ausschließlich in OFFENE Investmentfonds investieren. Diese werden an der Börse gehandelt. Sie können als Anleger jederzeit ein- und wieder aussteigen. Bei geschlossenen Fonds dagegen gibt es keinen regen Börsenhandel. Ein Einstieg ist bei geschlossenen Fonds außerdem nur während der Zeichnungsfrist, einer bestimmten Periode am Anfang, möglich. Aussteigen können Sie dagegen erst am Ende der Laufzeit. Einer der größten Vorteile offener Investmentfonds: Sie unterliegen nicht dem Emittentenrisiko. Geht die Fondsgesellschaft pleite, bleibt das Fondsvermögen den Anlegern als sogenanntes Sondervermögen erhalten.

Welche Fondsarten gibt es?

Frage: Ich möchte in einen Fonds investieren. Allerdings gibt es hier ja mehrere Arten. Können sie mir einen Überblick verschaffen?

Antwort: Die Fondsart richtet sich nach der Art von Wertpapieren, in die investiert wird. Es gibt Aktien-, Misch-, Renten- oder Dachfonds. Die genauen Informationen zum Fonds sollten Sie vor Abschluss eines Vertrages im Fondsprospekt nachlesen. Hier liefert Ihnen ein Factsheet (wörtlich: Tatsachenpapier) die wichtigsten Fakten. Sie können herausfinden, in welchen Regionen und welche Wertpapiere dieser Fonds investiert.

Um einen **Aktienfonds** handelt es sich, wenn der Fonds ausschließlich in Aktien investiert. Ein Fonds, der dagegen hauptsächlich in Anleihen investiert, heißt **Rentenfonds**. Schließlich gibt es noch sogenannte **Mischfonds**, die sowohl Aktien als auch Anleihen in ihrem Portfolio haben (»Renten« ist ein anderes Wort für »Anleihen«).

Die meisten Chancen unter den Fondsgruppen bietet der **Aktienfonds**. Bei diesem wird in mindestens 16 verschiedene Aktien investiert. Davon darf keine ein Gewicht von mehr als 10 Prozent haben, so lauten die Regeln hierzulande. Es ist allerdings keine Seltenheit, dass ein Fonds auch in 50 oder 80 Positionen zugleich investiert. Aktienfonds definieren sich weiter über die Art der Aktien, in die sie investieren. Manche Aktienfonds investieren zum Beispiel in gewissen Regionen oder Ländern. Eine weitere Unterscheidung ist die Unternehmensgröße. Manche Fonds investieren nur in Standardwerte, manch andere nur in Nebenwerte. Es gibt auch Branchen- oder Themenfonds, die nur in Werte einer Branche (zum Beispiel Pharma- und Gesundheitsbranche) oder Themen (zum Beispiel Wasser) investieren.

Bei **Rentenfonds** müssen Sie langfristig mit einer geringeren Rendite rechnen, ganz einfach weil Anleihen üblicherweise nicht so viel abwerfen wie Aktien. Allerdings haben Sie dafür in der Regel eine größere Sicherheit. Rentenfonds investieren in Anleihen, die in der Fachsprache auch als »Renten« bezeichnet werden. Mit einer »Rente« im Sinne von Altersbezügen hat das jedoch nichts zu tun. Üblicherweise investieren Rentenfonds in Unternehmensanleihen, Staatsanleihen und andere Zinspapiere wie beispielsweise Pfandbriefe, Zero Bonds oder Genussscheine. Auch hier wird meistens die Region im Voraus bestimmt. Viele Rentenfonds investieren allerdings weltweit. Die hauptsächlichen Gewinne bei Rentenfonds machen die Zinsausschüttungen und weniger die Kursanstiege aus.

Mischfonds investieren sowohl in Aktien als auch in Anleihen. Die Verteilung wird von Anfang an festgelegt. Bei manchen Mischfonds ist es jedoch möglich, den Aktienanteil je nach Marktlage zu ändern. Überwiegt der Aktienanteil, gilt der Mischfonds als eher spekulatives Investment, überwiegt der Rentenanteil, gilt der Mischfonds als defensives Investment.

Dachfonds kaufen Aktien und Anleihen nicht direkt, sondern investieren in andere Fonds, die sogenannten Zielfonds. Das klingt zunächst einmal nach einem interessanten Ansatz. Der Dachfondsmanager könnte unter den Fonds auswählen, die in der Vergangenheit am erfolgreichsten waren. Auch unter dem Aspekt der Risikostreuung scheint ein Dachfonds zunächst eine gute Idee zu sein. Allerdings sprechen einige Gründe gegen einen Dachfonds. Zum einen fallen gleich auf mehreren Ebenen Gebühren an. Zum anderen sind Dachfonds oft sehr intransparent.

Genauso wenig empfehlenswert sind weitere Arten offener Fonds, wie zum Beispiel offene **Geldmarktfonds**. Diese versuchen, durch den Kauf demnächst fälliger Anleihen einen festen Zinssatz zu erwirtschaften. In der Praxis fahren Sie aber mit einem einfachen Tagesgeldkonto meist besser, zumal Sie hier keine Transaktions- und Fondsgebühren zahlen, feste Zinsen erhalten, keine Verluste erleiden und überdies vom gesetzlichen Einlagenschutz profitieren. All das kann Ihnen ein Geldmarktfonds – bei vergleichbaren Renditen – nicht bieten.

Auch von **offenen Immobilienfonds** raten wir Ihnen eher ab. Hier sind die Spielregeln für Anleger inzwischen sehr kompliziert geworden und die langfristige Anlageform Immobilien eignet sich nicht unbedingt für einen börsengehandelten offenen Fonds.

Was ist der Unterschied zwischen aktiven und passiven Fonds?

Frage: Mein Bruder sagt, passive Fonds seien besser und billiger als aktive. Worin liegt der Unterschied?

Antwort: Bei aktiven Fonds kümmert sich ein Fondsmanager aktiv um die Auswahl der Wertpapiere. Bei passiven Fonds macht das ein Computer. Er bildet dabei einfach einen Index nach (zum Beispiel den DAX oder Dow Jones). Deshalb sind passive Fonds auch günstiger als aktive: Ihre Verwaltung ist viel weniger aufwändig. Setzen Sie nicht einseitig nur auf aktive Fonds, auch wenn Ihre Hausbank versucht, Ihnen die teuren aktiven Fonds zu verkaufen. Wenn es aber keinen guten Index gibt, sollten Sie auch keinen Indexfonds mit diesem Schwerpunkt kaufen.

Frage: Wofür steht die Abkürzung ETF und wie funktioniert diese Art von Fonds?

Antwort: ETF bedeutet »Exchange Traded Funds«. Auf Deutsch übersetzt bedeutet das »börsengehandelte Fonds«. ETFs zählen zu der Kategorie der Passivfonds. Das bedeutet, dass sie ohne Fondsmanager auskommen und ein Computerprogramm für sie Wertpapiere kauft und verkauft. Dabei richtet es sich einfach nach der Zusammensetzung des Index, den der jeweilige ETF abbildet.

Die Funktionsweise ist recht simpel zu erklären. ETFs bilden schlichtweg einen Index ab. Die Zusammensetzung ist also identisch mit der des Index, der abgebildet wird. Wenn Sie im Portfolio zum Beispiel einen DAX-ETF haben, befinden sich die 30 Aktien des deutschen Leitindex in Ihrem Depot. Die Anteile an den jeweiligen Aktien sind genau gleich wie im Index.

Welche Vorteile haben ETFs?

Frage: Welche Vorteile ergeben sich für mich bei der Geldanlage in ETFs?

Antwort: Bei aktiven Fonds hat der Fondsmanager ein großes Ziel: Er will einen Vergleichsindex – die sogenannte Benchmark – schlagen, also besser sein. Sprich, er sagt sich beispielsweise: »Ich will in deutsche Standardwerte investieren, aber dabei besser abschneiden als der DAX.« Das gelingt in der Praxis aber bei Weitem nicht immer.

Diesen Anspruch haben ETFs nicht. Sie bilden den Index ganz einfach ab, nicht mehr und nicht weniger. Mit diesem Vorgehen sind sie zwar nicht besser, aber eben auch nicht schlechter als der Index, der zugrunde liegt. ETFs haben für Sie als Anleger drei entscheidende Vorteile:

- **Geringer Beobachtungsaufwand:** Wenn Sie einen gängigen Index abbilden, lässt sich dadurch die Kursentwicklung leicht verfolgen. Sie können den Kursverlauf abends in den Börsennachrichten ganz einfach mitverfolgen, wenn die aktuellen Stände von DAX, Dow Jones oder EuroStoxx regelmäßig gemeldet werden. In der Regel haben Sie wenig Beobachtungsaufwand mit ETFs.

- **Langfrist-Investment mit guter Risikostreuung:** ETFs sind ideal für das Prinzip »kaufen und liegen lassen«. Gerade wenn Sie einem Index auf lange Sicht großes Kurspotenzial zutrauen, brauchen Sie die Fondsanteile nicht wieder zu verkaufen.
- **Niedrige Gebühren:** Ein Ausgabeaufschlag fällt bei ETFs nicht an. Und der Unterschied zwischen dem An- und Verkaufskurs (Spread) liegt meist nur bei 0,15 bis 0,2 Prozent der Anlagesumme. Weniger ins Gewicht fallen auch die Verwaltungsgebühren im Vergleich zu aktiv gemanagten Fonds. Im Vergleich zu der Investition in Index-Zertifikate entgehen Ihnen bei ETFs die Dividenden nicht. Diese werden entweder ausgeschüttet (ausschüttende ETFs) oder sie erhöhen das Fondsvermögen (thesaurierende ETFs).

Was bedeutet der Begriff »Thesaurierung«?

Frage: Aus einem ETF auf den DAX habe ich laut meiner Bank eine »Ertragsthesaurierung« erhalten. Was bedeutet das?

Antwort: Dazu müssen wir etwas ausholen: Fonds investieren zum Beispiel in Aktien oder in Anleihen. Diese Wertpapiere werfen Erträge ab (Dividenden bei Aktien und Zinserträge bei Anleihen). Es gibt zwei unterschiedliche Varianten, wie die Fonds diese Erträge verwenden.

- Einige Fonds geben die erhaltenen Dividenden und Zinsen einmal oder zweimal im Jahr an die Fondsbesitzer weiter. Die Fondsbesitzer erhalten das Geld automatisch auf dem Konto gutgeschrieben. Das sind die ausschüttenden Fonds.
- Eine ganz andere Strategie verfolgen thesaurierende Fonds. Und jetzt komme ich zu Ihrem DAX-ETF. Thesaurierende Fonds schütten die erhaltenen Erträge (in diesem speziellen Fall die Dividenden der 30 DAX-Werte) nicht aus, sondern legen das Geld automatisch im Fonds neu an. Es werden zum Beispiel für den Fonds weitere DAX-Aktien gekauft. Damit steigt der Wert des einzelnen ETF-Anteils.

Bei Fonds können Sie also wählen, ob Sie regelmäßig Ausschüttungen wünschen (dann sollten Sie einen ausschüttenden Fonds wählen), oder ob die Erträge automatisch in das Fondsvermögen reinvestiert werden sollen, damit Ihr Fondsvermögen steigt (dann sollten Sie thesaurierende Fonds wählen). Im Fondsprospekt finden Sie jeweils die Angabe, ob der Fonds ausschüttet oder thesauriert. In Listen finden Sie oft auch die Kürzel A (ausschüttend) oder T (thesaurierend). Welche Fondsvariante Sie wählen, ist Geschmackssache. Es gibt keine objektiv bessere Wahl.

Bei ETFs besteht meist keine Wahlmöglichkeit

Ausschüttend oder thesaurierend? Anders als bei aktiv gemanagten Fonds besteht diese Wahlmöglichkeit für den Anleger bei ETFs nicht. Der Grund: Ein ETF ist bestrebt, die Index-Performance genau abzubilden. Somit kommt es auf den Index an, ob der jeweilige ETF ausschüttet oder thesauriert:

- ETFs auf Kursindizes sind ausschüttend. Der Grund: Bei Kursindizes werden die Dividenden nicht in den Kursverlauf des Index eingerechnet. Würden die Erträge thesauriert, dann würde der ETF-Kurs im Laufe der Zeit im Vergleich zum Indexkurs nach oben abweichen. Ausschüttend sind somit beispielsweise ETFs auf den EuroStoxx, den Dow Jones, den S&P 500 oder den Schweizer Leitindex SMI.

- ETFs auf Performance-Indizes sind thesaurierend. Denn hier werden die Dividenden in den Kursverlauf des Index eingerechnet. Der ETF muss die Erträge also thesaurieren, sprich dem Fondsvermögen zuführen, um seinen Kursverlauf beispielsweise an den des DAX oder MDAX anzupassen.

Fondskauf: Gibt es eine Mindeststückzahl für Fondsanteile?

Frage: Gibt es eine Mindeststückzahl für den Handel mit Fonds?

Antwort: Einige Fondsgesellschaften (auch Kapitalanlagegesellschaften oder kurz KAGs genannt) fordern eine festgelegte Mindestanlagesumme, wenn ein Kunde den Fonds über die Fondsgesellschaft kaufen will.

Diese Hürde lässt sich allerdings in vielen Fällen leicht überwinden, da fast alle gängigen Fonds auch über die Börse gehandelt werden können. Wenn Sie die Fondsanteile nicht über die Fondsgesellschaft kaufen, sondern über die Börse, entfällt das Kriterium Mindestanlagesumme. An der Börse können Sie auch nur einen einzigen Fondsanteil handeln, falls Sie das wünschen. Positiver Zusatznutzen beim Fondshandel über die Börse: Hier entfällt der Ausgabeaufschlag von 3 bis 6 Prozent, der beim Kauf über die Fondsgesellschaft fällig wird.

Wie kann ich beim Fondskauf Geld sparen?

Frage: Haben Sie einen Tipp, wie ich beim Fondskauf Geld sparen kann?

Antwort: Ja, einen ganz konkreten: Vermeiden Sie den Ausgabeaufschlag. Wenn Sie beim Fondskauf bares Geld sparen möchten, ist vor allem die Wahl des Handelsplatzes entscheidend. Denn im Online-Orderformular ist oft der Eintrag »KAG« (Kapitalanlagegesellschaft) voreingestellt. Das ist die Fondsgesellschaft selbst, bei der Ihre Fondsanteile dann geordert werden. Doch genau das ist der Punkt, an dem Ihre Aufmerksamkeit gefragt ist. Denn diese Variante ist die teuerste, die Sie wählen können. Der Hintergrund: Hierbei wird der volle Ausgabeaufschlag berechnet, den üblicherweise die Fondsgesellschaft selbst kassiert. Der Ausgabeaufschlag beträgt bei Standardfonds bis zu 5,5 Prozent der Anlagesumme (also 55 Euro bei 1.000 Euro Einsatz).

Diese Kosten können Sie sich ganz einfach sparen. Dazu ordern Sie entweder die Fondsanteile über eine Börse (der Vorgang ist dann der gleiche wie beim Aktienkauf). In diesem Fall zahlen Sie statt des Ausgabeaufschlags nur den Spread. Das ist der Unterschied zwischen dem börslichen An- und Verkaufskurs. Er beträgt in der Regel rund 0,5 bis 1,5 Prozent.

Die zweite Möglichkeit, um die Kosten für den Ausgabeaufschlag schlichtweg einzusparen, sind Sonderangebote Ihres Brokers. Oft wird Ihnen der Ausgabeaufschlag für bestimmte Fonds in einem begrenzten

Zeitraum erlassen. Vor allem bei beliebten Publikumsfonds gibt es solche Sonderangebote häufiger. Diese Chance können Sie ebenfalls nutzen, wenn Sie Kosten beim Fondskauf sparen möchten.

Ebenfalls sinnvoll sind in diesem Zusammenhang spezielle Online-Fondsvermittler wie AVL-Investmentfonds, Fondsvermittlung24 oder FondsClever. Wenn Sie ein Depot über diese Vermittler eröffnen, erhalten Sie ebenfalls viele Fonds ohne Ausgabeaufschlag direkt bei der Fondsgesellschaft.

Sind Fondssparpläne sinnvoll oder nicht?

Frage: Was halten Sie von Fonds- und ETF-Sparplänen?

Antwort: Fonds- und ETF-Sparpläne sind generell sinnvoll. Sie ermöglichen den regelmäßigen Kauf von Fondsanteilen für feste monatliche oder vierteljährliche Sparbeträge. Somit können Sie regelmäßig Geld von Ihrem laufenden Einkommen investieren und damit viel für Ihre finanzielle Vorsorge tun. Sparpläne sind aber auch ein gutes Mittel, um regelmäßige Ausschüttungen (Dividenden und Zinsen) zu reinvestieren. Sie haben nichts davon, wenn dieses Geld ungenutzt und unverzinst auf Ihrem Verrechnungskonto herumliegt. Für den Ankauf von Aktien sind die Ausschüttungssummen meist zu klein. Da bietet sich ebenfalls ein Fondssparplan an.

Cost-Average-Effekt ermöglicht günstigen Fondskauf

Der große Vorteil solcher Sparpläne ist der sogenannte Cost-Average-Effekt, zu Deutsch Durchschnittskosteneffekt. Weil Sie stets den gleichen Betrag in den Kauf von Fondsanteilen investieren, erhalten Sie bei niedrigen Kursen mehr Anteile als bei hohen Kursen. Im Durchschnitt kaufen Sie also günstig ein.

Sind Sparplanraten von 50 Euro empfehlenswert?

Frage: Ich plane, als langfristige Geldanlage in einen Fondssparplan zu investieren. Ich habe ein Angebot erhalten, bei dem ich monatlich schon ab 50 Euro Anteile kaufen kann. Dafür werden mir Gebühren von 2,50 Euro berechnet. Was halten Sie von diesem Angebot?

Antwort: Die Investition in einen Sparplan halten wir generell für sehr gut. Sie sparen langfristig und haben selbst nicht viel Aufwand damit. Allerdings ist dieses spezielle Angebot sehr teuer. Denn mit der monatlichen Gebühr von 2,50 Euro haben Sie bei jeder Rate eine Kostenbelastung von 5 Prozent auf Ihren 50-Euro-Sparplan. Das ist definitiv zu viel. Wie Sie bei Fondssparplänen Geld sparen können, lesen Sie in der nächsten Antwort.

Ordergebühren: Wie kann ich bei Fondssparplänen Geld sparen?

Frage: Muss ich bei Fondssparplänen die vollen Ordergebühren zahlen oder erhalte ich da Vergünstigungen?

Antwort: Das kommt ganz auf die Depotbank an. Viele bieten für Sparpläne ein Extragebührenmodell, das etwas günstiger ist als normale Wertpapierorders. Dennoch können die Ordergebühren bei Sparplänen ganz schön ins Geld gehen. Für An- und Verkauf verlangen viele Broker einen Festpreis um die 2,50 Euro. Hinzu kommt häufig noch eine prozentuale Zusatzgebühr, die sich in der Regel an der Höhe Ihrer Sparrate orientiert. Bedenken Sie: Bei einer Sparrate von 50 Euro kostet dann die Order allein schon 5 Prozent oder mehr.

Diese Kosten können Sie sich allerdings sparen. Dazu haben Sie verschiedene Möglichkeiten. Sie können zum Beispiel einen Fonds auswählen, für den der Broker einen kostenfreien beziehungsweise kostengünstigen Sparplan anbietet. Achten Sie bei Ihrer Wahl auch auf Sonderangebote Ihres Brokers.

Eine weitere Möglichkeit bietet sich mit der Eröffnung eines zusätzlichen Fondsdepots für Sparpläne, das besonders günstige Konditionen anbietet. Diese bekommen Sie zum Beispiel unter www.fondsvermittlung24.de, www.fondsdiscount.de oder www.avl-investmentfonds.de. Diese Fondsvermittler führen keine eigenen Depots, kooperieren aber mit diversen Brokern. Über diese Plattformen können Sie den Broker auswählen, der für Sie das Fondsdepot eröffnet.

Die dritte Möglichkeit, Gebühren bei Fonds- und ETF-Plänen einzusparen, liegt in der Erhöhung der einzelnen Sparraten. Gleichzeitig setzen Sie die Kauffrequenz herab. So ordern Sie beispielsweise einmal pro Quartal für 150 Euro und nicht monatlich für 50 Euro.

Was ist ein Fondsauszahlplan?

Frage: Ich habe gerade das Haus meiner Eltern verkauft, das ich vor einigen Jahren geerbt habe. Dafür habe ich eine Summe von knapp 400.000 Euro erhalten und möchte diese anlegen. Mir wurde dazu ein Fondsauszahlplan empfohlen. Können Sie mir erklären, wie dieser genau funktioniert?

Antwort: Bei einem Fondsauszahlplan, auch Entnahmeplan genannt, wird Ihre Geldsumme auf verschiedene vermögensverwaltende Fonds verteilt. Aus diesem Investment erhalten Sie monatliche Auszahlungen. Die monatlichen Auszahlungen können Sie zum Beispiel als Ergänzung zu Ihrer Rente nutzen. Sie bestimmen, in welche Fonds investiert wird und wie lange der Auszahlplan laufen soll. Daraus ergibt sich die Höhe der Auszahlbeträge, die allerdings auch noch von der Art des Auszahlplans abhängt. Da gibt es zwei Möglichkeiten:

- **Auszahlplan mit Kapitalerhalt:** Hier werden lediglich die Erträge aus den Fondsinvestitionen monatlich ausgezahlt (Ausschüttungen und ggf. Kurssteigerungen). Das Vermögen bleibt dabei unangetastet. Das bietet sich beispielsweise an, wenn Sie Ihren Kindern noch

Fondsauszahlplan versus Bankauszahlplan: Wo liegen jeweils die Vor- und Nachteile?

111

ein erkleckliches Erbe hinterlassen wollen. Bei fallenden Kursen und niedrigen Ausschüttungen können Sie die Auszahlung zeitweise auch einstellen, um nichts von Ihrem Vermögen aufzubrauchen. Sie können die Auszahlbeträge auch während der Laufzeit anpassen. Sie sind also wesentlich flexibler als beispielsweise bei einem Bankauszahlplan.

- **Auszahlplan mit Kapitalverzehr:** Hier werden Ihnen monatlich nicht nur die Erträge ausgezahlt, sondern auch ein gewisser Teil des Vermögensgrundstocks. Dabei müssen Sie selbst festlegen, wie lange das Geld reichen soll (z. B. bis zum Alter 85). Sinken dann allerdings die Fondskurse und -erträge, ist Ihr Vermögen womöglich schneller aufgebraucht. Steigen sie, dauert der Kapitalverzehr länger. Allerdings können Sie hier ebenfalls eingreifen. Wird zu viel Kapital verzehrt, können Sie die Auszahlungen jederzeit reduzieren oder stoppen. Auch die Umschichtung in andere Fonds ist möglich, um eventuelle Gewinnchancen wahrzunehmen.

Fondsauszahlplan versus Bankauszahlplan: Wo liegen jeweils die Vor- und Nachteile?

Frage: Ich habe eine größere Geldsumme als Abfindung erhalten und möchte diese gerne in einen Auszahlplan anlegen. Ich würde gerne wissen, welche Vor- und Nachteile jeweils ein Fondsauszahlplan und ein Bankauszahlplan mit sich bringen würden.

Antwort: Ein Fondsauszahlplan wird aus vorhandenen Fondsanteilen geleistet, ein Bankauszahlplan von einem vorhandenen Bankkonto.

Fangen wir mit dem **Fondsauszahlplan** an. Große Vorteile beim Entnahmeplan sind die tägliche Verfügbarkeit und die Transparenz. Sie können im Kursteil Ihrer Zeitung oder im Internet täglich nachverfolgen, wie sich Ihr Vermögen entwickelt. Außerdem haben Sie die Möglichkeit, den Entnahmeplan sehr flexibel und individuell an Ihre Bedürfnisse anzupassen. Sie haben dadurch auch die Chance auf eine hohe Rendite, denn eine Geldanlage in Fonds ist trotz Kursrisiken üblicherweise deutlich rentabler als eine auf einem Bankkonto. Sie können in Krisenzeiten den Kapitalverzehr verhindern, indem Sie die Auszahlbeträge für einen gewissen Zeitraum aussetzen. Auf der anderen Seite ist der Fondsentnahmeplan nichts für risikoscheue Anleger. Denn mit der großen Flexibilität und Renditechance auf der einen Seite müssen Sie weniger Sicherheit auf der anderen Seite in Kauf nehmen. Gegner der Entnahmepläne prangern häufig an, dass die Laufzeit nicht planbar sei. Aufgrund von Kursverlusten könnte das Vermögen zudem schneller aufgebraucht werden, als eigentlich geplant.

Weniger risikoreich sind die **Bankauszahlpläne.** Hier sind Sie an eine einmal vereinbarte Laufzeit gebunden und erhalten in dieser Zeit auch die festen Zahlungen. In der Regel beträgt die Laufzeit 10 oder 25 Jahre. Das macht den Bankauszahlplan sehr berechenbar. Sie arbeiten mit festen Zinsen und einer festgelegten Laufzeit. Es kann also nicht zu bösen Überraschungen kommen (aber auch nicht zu positiven). Dafür müssen Sie aber eine mangelnde Flexibilität in Kauf nehmen. Die Höhe der monatlichen Auszahlungen lässt sich meist nicht variieren. Außerdem können Sie in der Regel nicht während der Laufzeit aussteigen, denn eine vorzeitige Kündigung ist bei einem Auszahlplan bei der Bank nicht vorgesehen. Bedenken Sie auch: Feste Zinsen können Fluch und Segen zugleich sein. Wenn sich das Zinsniveau während Ihrer Laufzeit verbessert, könnte dieses im Laufe der Zeit über den vereinbarten Zinsen liegen. Sie haben dann zwar sichere monatliche Beträge, könnten Ihr Geld aber auch gewinnbringender anlegen und hätten somit länger etwas davon. Das ist aber nicht möglich, weil Sie das Geld nicht einfach wieder aus dem Bankauszahlplan entnehmen können.

Wenn Ihnen Sicherheit wichtiger ist als eine hohe Renditechance, dann sollten Sie den Bankauszahlplan wählen. Ist Ihnen dagegen Flexibilität wichtig und sind Sie in der Position, Verluste zu verkraften, können Sie auf die renditestärkere Variante des Fondsauszahlplans zurückgreifen.

Anleihen, Wandelanleihen und Genussscheine

Anleihen und andere Wertpapiere, die Zinsen abwerfen, sind Gegenstand der Fragen, die in diesem Kapitel beantwortet werden.

Was sind »Renten«?

Frage: Mein Bankberater hat mir Rentenpapiere empfohlen. Was kann ich darunter verstehen?

Antwort: Als »Rentenpapiere« oder kurz »Renten« werden an der Börse Wertpapiere mit Zinszahlungen bezeichnet. Das können Anleihen, Genussscheine oder auch Pfandbriefe sein. Renten sind oft konservativer und schwankungsärmer als Aktien, weisen dafür aber im Gegenzug auch geringere Gewinne auf.

Wie funktionieren Anleihen?

Frage: Was sind Anleihen und wie funktionieren sie?

Antwort: Anleihen sind (meist) börsengehandelte Wertpapiere. Im Gegensatz zu Aktien handelt es sich bei Anleihen nicht um Unternehmensanteile, sondern um eine Art Darlehen. Ein Staat oder ein Unternehmen leiht sich Geld, aber nicht von einer Bank, sondern von den Investoren am Kapitalmarkt. Auch Sie als Privatanleger gehören zu diesen Investoren.

Durch den Kauf einer Anleihe werden Sie sozusagen zum Darlehensgeber. Im Gegenzug erhalten Sie jährliche Zinsen in einer von Anfang an festgelegten Höhe. Die Höhe der Zinsen wird bei Anleihen mit dem sogenannten Zinskupon ausgedrückt. Außerdem gilt bei Anleihen das Versprechen, dass Sie Ihr Geld bei Fälligkeit der Anleihe vollständig zurückgezahlt bekommen. Wann dieser Fälligkeitstermin ist, steht ebenfalls von Anfang an fest.

Sind Anleihen das Richtige für vorsichtige Anleger?

Frage: Weil ich Angst vor starken Schwankungen habe, hat mein Bankberater mir Anleihen empfohlen. Können Sie mir erklären, warum diese Wertpapiere angeblich sicherer sind als Aktien?

Antwort: Wenn Sie sich tatsächlich keinen oder zumindest keinen starken Kursschwankungen aussetzen möchten, ist der Anleihenmarkt (bzw. Rentenmarkt) in der Regel für Sie genau das Richtige. Hier geht es ruhiger zu als am Aktienmarkt. Die Schwankungen der Anleihenkurse sind wesentlich geringer als bei Aktien. Allerdings haben die Finanz- und Eurokrise auch hier für starke Erschütterungen gesorgt. Die Annahme, dass Sie mit Staatsanleihen sicherer fahren, haben die vergangenen Jahre im Rahmen der Staatsschuldenkrise dies- und jenseits des Atlantiks widerlegt. Besitzer von griechischen Staatsanleihen haben zum Beispiel sehr viel Geld verloren. Trotzdem gilt: Wenn Sie sich gute, solide Anleihen aussuchen, bei denen die Gefahr eines Zahlungsverzugs oder -ausfalls gering ist, dann können Sie auch ruhig schlafen. Die Kursschwankungen können Sie nämlich einfach aussitzen, indem Sie die Anleihe bis zum Schluss halten. Dann werden 100 Prozent des Nennwerts zurückgezahlt.

Worauf sollte ich bei der Auswahl von Anleihen achten?

Frage: Können Sie mir sagen, worauf ich bei der Auswahl von Anleihen achten sollte?

Antwort: Bei Anleihen kommt es auf folgende Punkte an:

- **Zinskupon:** Mit dem Zinskupon wird die Höhe der jährlichen Zinsgutschrift ausgedrückt, die Sie vom Anleiheemittenten bekommen, also von dem Unternehmen oder dem Staat, der die Anleihe herausgegeben hat.
- **Nominalwert:** Das ist die Summe, zu der die Anleihe anfangs herausgegeben und die am Ende zurückgezahlt wird. Den Nominalwert bezeichnet man auch häufig als Nennwert. An der Börse wird der Nominalwert in Prozent angegeben. Zum Beispiel 1.000 Euro = 100 Prozent. Während der Laufzeit einer Anleihe können die Kurse aber durchaus einmal über oder unter dem Nennwert liegen. Zum Beispiel bei 104 oder 97 Prozent (= 1.040 oder 970 Euro). Denn als börsengehandeltes Wertpapier richtet sich der Kurs nach Angebot und Nachfrage. Nähert sich aber der Tag der Fälligkeit und ist klar, dass die Anleihe pünktlich zurückgezahlt werden kann, pendelt sich auch der Anleihenkurs wieder bei 100 Prozent ein. Zwischenzeitliche Kursverluste können Sie also dadurch wieder gutmachen, dass Sie die Anleihe bis zum Ende der Laufzeit halten.
- **Fälligkeitsdatum / Laufzeit:** Dieses zeigt Ihnen, wie lang die Anleihe läuft, beziehungsweise wann der Nominalbetrag zurückgezahlt werden soll.
- **Stückelung / kleinste handelbare Einheit:** Wie viel Geld müssen Sie mindestens in die jeweilige Anleihe investieren? Das verrät Ihnen die Stückelung. Für Privatanleger ungeeignet sind große Stückelungen wie 50.000 oder 100.000 Euro. Liegt die Stückelung dagegen zwischen 1.000 und 5.000 Euro, kann das Papier interessant sein.
- *Vorzeitiges Kündigungsrecht durch den Emittenten:* Nicht alle Anleihen, aber manche sind mit einem vorzeitigen Kündigungsrecht ausgestattet, das sich der Emittent vorbehält. Für Sie als Anleger ist das natürlich ärgerlich, wenn die Anleihe bis dato hohe Zinsen eingebracht hat und der Emittent dieses einträgliche Investment auf einmal stoppt. Manchmal wird Ihnen die Möglichkeit einer vorzeitigen Kündigung aber damit versüßt, dass Sie etwas mehr als den Nominalbetrag zurückbekommen. Zum Beispiel 103,5 Prozent anstatt 100

Prozent. Es gilt hier die Faustregel: Anleihen mit einem vorzeitigen Kündigungsrecht werden fast immer tatsächlich vorzeitig gekündigt.

- **Erstrangige oder nachrangige Anleihe?** Bei einer erstrangigen Anleihe gehören Sie bei einer Insolvenz des Emittenten zu den bevorzugten Gläubigern. Das heißt: Sie werden aus der Insolvenzmasse noch bedient, wenngleich Sie daraus durchschnittlich auch nur noch rund 20 Prozent Ihrer Forderungen zurückbekommen. Bei nachrangigen Anleihen ist das nicht so. Da treten Sie mit Ihren Forderungen hinter alle anderen Gläubiger zurück und erhalten im Regelfall nichts mehr aus der Insolvenzmasse. Nachrangige Anleihen haben deshalb meist einen deutlich höheren Zinskupon, denn sie bringen ein höheres Risiko mit sich. Hier sollten Sie aufpassen. Schauen Sie nicht nur auf die Zinsen, sondern prüfen Sie auch, ob der Anleiheemittent die Zinszahlungen auch leisten und den Nominalwert am Schluss auch zahlen kann. Kandidaten, bei denen das unsicher ist, bieten meist die höchsten Zinsen. Der Zinsaufschlag ist somit eine Entschädigung für die höhere Ausfallgefahr einer Anleihe. Womit wir schon beim nächsten Thema sind.

- **Rating:** Wie zahlungsfähig ist der Anleiheemittent? Anders als eine kreditgebende Bank haben Sie als Privatanleger wenige Möglichkeiten, die Zahlungsfähigkeit des Kreditnehmers (sprich Anleiheemittenten) unter die Lupe zu nehmen. Sie müssen sich darauf verlassen, was andere dazu sagen. Diese »anderen« sind in der Regel Ratingagenturen wie Moody's und Standard & Poor's. Diese haben sich darauf spezialisiert, die Bonität (sprich Zahlungsfähigkeit) von Anleiheemittenten unter die Lupe zu nehmen. Das bedeutet auch, dass sie die Ausfallgefährdung einer Anleihe voraussagen. Diese Einschätzung drücken sie über Noten für die Sicherheit beziehungsweise Ausfallgefährdung der Anleihen aus. Die Noten AAA bzw. Aaa stehen für das bestmögliche Rating. Das schlechte Rating ist ein C oder D. Hier ist der Emittent nicht zahlungsfähig. Anleihen, die mit hoher Wahrscheinlichkeit auch bedient und pünktlich zurückgezahlt werden, bezeichnet man in der Fachsprache als Investment-Grade (Note BBB oder besser). In diese Anleihen dürfen auch institutionelle Anleger investieren, die gesetzlich oder über die eigene Satzung zur konservativen und sicheren Geldanlage verpflichtet sind, zum Beispiel Versicherungen oder Pensionsfonds. Was unter diesen Noten liegt, von BB beziehungsweise Ba abwärts, ist mit deutlich höherem Ausfallrisiko behaftet. Deshalb hat sich dafür die Bezeichnung »Junk-Bonds« (»Müllanleihen« oder »Schrottanleihen«) eingebürgert.

Aber Vorsicht: Vertrauen Sie den Ratings nicht blind

Allerdings sollten Sie selbst den Ratings nicht blind vertrauen. Die Ratingagenturen liegen auch einmal daneben. Das Problem: Sie werden ausgerechnet von den Unternehmen bezahlt, welche die Anleihen emittieren. Da ist die Gefahr groß, dass eine Art Gefälligkeitsrating erstellt wird. Verlassen Sie sich also nie allein auf die Einstufung der Ratingagenturen, sondern machen Sie sich laufend zusätzlich durch die Berichterstattung über einzelne Länder oder Unternehmen ein eigenes Bild von deren Zahlungsfähigkeit. Auch bei Staatsanleihen sollten Sie in Bezug aufs Rating vorsichtig sein.

Welcher Börsenplatz bietet sich zum Kauf von Anleihen an?

Frage: Ich möchte mein Geld in Anleihen investieren. Welcher Börsenplatz eignet sich dafür am besten?

Antwort: Hier empfiehlt sich die Börse Stuttgart (Euwax). Auf der Internetseite www.euwax.de finden Sie außerdem eine komfortable Suchfunktion, mit der Sie selbst Anleihen aussuchen können.

Wie funktionieren Wandelanleihen?

Frage: Durch einen Freund wurde ich auf das Thema Wandelanleihen aufmerksam. Wie funktionieren diese Wertpapiere?

Antwort: Wandelanleihen funktionieren zunächst nicht anders als normale Anleihen: Sie leihen einem Unternehmen Geld und erhalten dafür Zinsen. Als Inhaber einer Wandelanleihe können Sie sich aber statt des Nominalwerts auch eine bestimmte Anzahl an Unternehmensaktien auszahlen lassen. Wie viele Aktien Sie für Ihre Wandelanleihe erhalten, ist von vornherein festgelegt. Das nennt sich Umtauschverhältnis. Sie können als Inhaber der Wandelanleihe darüber entscheiden, ob Sie die Rückzahlung des Nominalwertes oder doch lieber die Aktien des betreffenden Unternehmens möchten (aber Achtung: Davon gibt es Ausnahmen, bei denen eine Pflichtwandlung vorgesehen ist). Auch festgelegt ist, ob Sie während der gesamten Laufzeit von Ihrem Wandlungsrecht Gebrauch machen können oder nur am Ende der Laufzeit. Wandelanleihen sind in der Regel deutlich niedriger verzinst als herkömmliche Unternehmensanleihen. Das Wandlungsrecht macht sie aber dennoch sehr attraktiv. Die Entscheidung »wandeln oder nicht wandeln« wird Ihnen leicht fallen: Liegt der Wert der Aktien über dem Nominalwert der Wandelanleihe, werden Sie sich für die Auszahlung in Aktien entscheiden. Liegt der Wert der Aktien unter dem Nominalwert, ist die Cash-Rückzahlung attraktiver.

Sind Wandelanleihen ein gutes Investment?

Frage: Mir wurde gesagt, dass Wandelanleihen eine gute Alternative zu normalen Anleihen in Krisenzeiten seien. Sehen Sie das auch so?

Antwort: Wandelanleihen sind in der Tat gerade in unsicheren Börsenzeiten interessant, weil das Wahlrecht sie sozusagen zu einem Aktieninvestment mit Sicherheitsnetz macht. Für Privatleger sind Wandelanleihen durchaus empfehlenswert, vorausgesetzt, die kleinste handelbare Einheit liegt nicht gerade im 50.000-Euro- oder 100.000-Euro-Bereich. Bei einem Kursaufschwung bieten Wandelanleihen hervorragende Gewinnchancen – nämlich die der jeweiligen Aktie, die Sie erhalten können, wenn Sie Ihr Wandlungsrecht ausüben. Zugleich hält sich das Verlustrisiko in Grenzen, weil Sie die Anleihe bis zur Fälligkeit halten, die laufenden Zinszahlungen einstreichen und sich am Schluss den Nominalwert auszahlen lassen können.

Worauf muss ich bei der Auswahl von Wandel- und Umtauschanleihen achten?

119

Worin unterscheiden sich Wandel- von Umtauschanleihen?

Frage: Was ist der Unterschied zwischen Wandelanleihen und Umtauschanleihen?

Antwort: Umtauschanleihen sind eine Art von Wandelanleihen. Sie funktionieren genauso wie Wandelanleihen. Der einzige Unterschied: Sie bekommen als Inhaber einer Umtauschanleihe bei Ausübung Ihres Wahlrechts nicht die Aktien des Emittenten, sondern die Aktien eines anderen Unternehmens. In den meisten Fällen handelt es sich um die Aktien einer Tochterfirma des Emittenten. Mit dem Instrument »Umtauschanleihe« gelingt es Unternehmen, sich von Beteiligungen zu trennen, ohne dass dies den Kurs der Tochterfirma maßgeblich beeinflusst. Denn würde stattdessen ein ganzes Aktienpaket verkauft, wären fallende Kurse vorprogrammiert.

Worauf muss ich bei der Auswahl von Wandel- und Umtauschanleihen achten?

Frage: Ich möchte in Wandel- oder Umtauschanleihen investieren. Worauf sollte ich dabei achten?

Antwort: Für Wandel- und Umtauschanleihen gibt es keine einheitlichen Standards. Daher ist eine Wandelanleihe nie genau gleich wie die andere. Einige Merkmale kommen aber durchaus häufiger vor. Sie sollten zum Beispiel darauf achten, dass die Wandelanleihe Ihnen ein Wandlungsrecht lässt, nicht aber eine Wandlungspflicht auferlegt (diese Papiere werden auch Zwangswandelanleihe genannt). Sonst tragen Sie das volle Risiko bei negativer Kursentwicklung.

Auch Wandelanleihen, bei denen der Emittent ein Sonderkündigungsrecht hat, sind für Sie eher von Nachteil. Selten, aber durchaus interessant, sind Wandelanleihen, bei denen sich die Frist für die Wandlung über die

Gesamtlaufzeit erstreckt. Der Regelfall ist aber ein mehrwöchiges Wandlungsrecht am Ende der Laufzeit.

Ideal für die Auswahl von Wandelanleihen sind Unternehmen, die ein hohes Kurspotenzial besitzen, bei denen jedoch auch die Gefahr eines Rückschlags besteht. Kommt es zu einem solchen Rückschlag, haben Sie eine große Sicherheit – immerhin besitzen Sie eine Anleihe, die sich verzinst und am Schluss mit dem Nominalwert zurückgezahlt wird. Kommt es dagegen zum erwarteten Kursanstieg, profitieren Sie enorm davon.

Emissionsbedingungen lesen!

Kaufen Sie niemals eine Wandelanleihe, ohne vorher die Emissionsbedingungen eingehend gelesen zu haben. Denn darin kann sich so manche Besonderheit verbergen, die nachher für unangenehme Überraschungen sorgt.

Worin unterscheiden sich Aktienanleihen von Wandel- und Umtauschanleihen?

Frage: Worin liegt der Unterschied zwischen Wandel- und Umtauschanleihen und Aktienanleihen?

Antwort: Aktienanleihen dürfen Sie auf keinen Fall mit Wandel- und Umtauschanleihen verwechseln. Die Funktionsweise ist fast gleich. Allerdings gibt es einen maßgeblichen Unterschied. Dieser liegt darin, dass der Emittent das Wandlungsrecht der Anleihe innehat und nicht Sie. Das heißt: Bei einer Aktienanleihe entscheidet am Ende der Laufzeit der Emittent, ob Sie Aktien oder Geld erhalten. Der Emittent wird natürlich immer die für Sie schlechtere (für ihn daher günstigere) Variante wählen. Dadurch gehen Sie bei Aktienanleihen ein erhebliches Verlustrisiko ein, das Sie bei Wandel- oder Umtauschanleihen nicht haben. Da ist der üblicherweise deutlich höhere Zinskupon von Aktienanleihen dann nur ein schwacher Trost.

Wie gehe ich vor, wenn ich Wandelanleihen besitze?

Frage: Ich habe in eine Wandelanleihe investiert. Was muss ich tun, während das Papier in meinem Depot liegt?

Antwort: Mit dem Kauf einer Wandelanleihe besitzen Sie zunächst eine normale Unternehmensanleihe. Sie hat einen festen Zinskupon und eine bestimmte Laufzeit. Die Zinsen sind allerdings meistens mit 0 bis maximal 4 Prozent alles andere als üppig. Aber ansonsten gibt es zunächst keine Unterschiede zu anderen Unternehmensanleihen. Der Unterschied wird in der Regel erst kurz vor der Fälligkeit oder manchmal auch schon zu bestimmten Terminen während der Laufzeit spürbar.

Dann haben Sie ein Wahlrecht: Sie können sich entweder den Nominalwert auszahlen lassen oder aber Sie verzichten auf diese Rückzahlung und lassen sich stattdessen Aktien des Emittenten oder seiner Tochtergesellschaft ins Depot buchen. Schon bei der Emission der Wandelanleihe steht fest, zu welchem Kurs Sie diese Aktien bekommen. Dieser Kurs nennt sich Wandlungspreis. Damit machen Sie als Inhaber einer Wandelanleihe ganz einfach folgende Rechnung auf: Liegt der Aktienkurs über dem Wandlungspreis, entscheiden Sie sich für die Aktien. Das bringt Ihnen dann den größeren Gewinn. Wenn er dagegen unter dem Wandlungspreis liegt, lassen Sie sich lieber den Nominalwert zurückzahlen. Das ist dann die günstigere Variante.

Bleibt noch die Frage, wie viele Aktien Sie für Ihre Wandel- oder Umtauschanleihe erhalten. Auskunft darüber gibt das sogenannte Umtauschverhältnis. Sie finden es – wie auch den Wandlungspreis – im Emissionsprospekt.

Was sind Genussscheine und wie riskant sind sie?

Frage: Mich würde interessieren, wie Genussscheine im Detail funktionieren und welche Risiken man bei einer Investition eingeht.

Antwort: Als Käufer eines Genussscheins investieren Sie – wie bei einer Anleihe – Geld, das Sie am Laufzeitende komplett zurückerhalten. Sie erhalten außerdem im Normalfall eine jährliche Ausschüttung. Es ist aber von Genussschein zu Genussschein verschieden, wie genau die Ausschüttung aussieht:

- Es gibt Genussscheine mit festem Zinskupon, die somit den regulären Unternehmensanleihen sehr ähnlich sind.
- Bei anderen ist die Ausschüttung abhängig vom Gewinn oder der Dividende des Emittenten.
- Außerdem gibt es noch Genussscheine mit einer variablen Verzinsung. Wie hoch die Ausschüttung hier ausfällt, hängt vom Erreichen bestimmter Unternehmensziele ab.

Üblicherweise haben Genussscheine eine ausgesprochen lange Laufzeit. 40 Jahre sind durchaus üblich. Es gibt sogar Genussscheine mit unbegrenzter Laufzeit. Allerdings hat dort der Genussscheininhaber ab einem bestimmten, vorgegebenen Zeitpunkt ein Kündigungsrecht. Genussscheine sind in der Regel besser verzinst, aber risikoreicher als Anleihen. Die Zinsen liegen meist deutlich über denen von Anleihen.

Allerdings nehmen die Anleger dafür auch ein höheres Risiko auf sich. Denn bei den meisten Genussscheinen gibt es nicht automatisch jedes Jahr eine Ausschüttung, sondern häufig nur in Jahren, in denen ein festgelegter Gewinn erreicht oder Dividenden an die Aktionäre gezahlt werden. Das heißt: Es gibt Jahre, in denen Sie als Genussscheininhaber leer ausgehen können. Es hängt von den Konditionen des jeweiligen Genussscheins ab, ob eine Nachzahlung versäumter Ausschüttungen in den Folgejahren vorgesehen ist oder nicht. Deshalb sollten Sie im Vorfeld immer die Emissionsbedingungen nachlesen, in denen diese Details schwarz auf weiß festgehalten werden.

Auch über noch ein weiteres Risiko müssen Sie sich im Klaren sein: Als Genussscheininhaber werden Sie nachrangig behandelt. Das wirkt sich dann aus, wenn der Emittent pleitegeht. Dann wird alles Vermögen, was noch vorhanden ist, an die Gläubiger ausgezahlt. Damit wird zumindest ein Teil der Schulden nach der Insolvenz noch beglichen. Die Inhaber von normalen Unternehmensanleihen gelten im Insolvenzfall als erstrangige Gläubiger. Nicht aber die Inhaber von Genussscheinen. Sie werden wie Aktionäre behandelt – und gehen damit leer aus. Auch bei Genussscheinen spielt folglich die Zahlungsfähigkeit des Emittenten eine noch wichtigere Rolle als bei Anleihen.

Sind Genussscheine als Investment empfehlenswert?

Frage: Ich habe von einem Berater Genussscheine angeboten bekommen. Das Angebot hörte sich recht lukrativ an. Würden Sie mir empfehlen, dieses anzunehmen?

Antwort: Genussscheine sind fast nur im deutschsprachigen Raum bekannt. Sie sind eine durchaus interessante Kombination aus Aktien und Anleihen. Als Genussscheininhaber werden Sie nicht zur Hauptversammlung eingeladen und haben erst recht kein Stimmrecht. Die Ausschüttung von Genussscheinen ist oft daran gekoppelt, wie erfolgreich der Emittent im letzten Geschäftsjahr war, sprich: Wie viele Gewinne er gemacht hat. Es gibt einige Genussscheine, die sehr interessant erscheinen.

Tipp: Nur börsengehandelte Genussscheine kaufen

Eine Faustregel sollten Sie bei Genussscheinen auf jeden Fall befolgen: Kaufen Sie keine außerbörslichen Genussscheine! Empfehlenswert sind nur Genussscheine, die an der Börse gehandelt werden. Viele Unternehmen emittieren auch Genussscheine, die sie über »Finanzberater« oder im direkten Kontakt zu ihren Kunden vertreiben. Davon lassen Sie aber besser die Finger. Denn darunter sind viele schwarze Schafe. Ohne eine Börse als zentralen Handelsplatz haben Sie keine Transparenz. Sie erfahren nicht, wenn sich wichtige Dinge abspielen, die womöglich die Zahlungsfähigkeit des Emittenten beeinträchtigen. Außerdem fehlt die Möglichkeit, einen Genussschein dann wieder weiterzuverkaufen. Denn ohne Börse finden Sie in der Regel keinen Käufer.

Viele Unternehmen aus dem grauen Kapitalmarkt versuchen mittels Genussscheinen, ihre »Geschäftsidee« zu finanzieren. Sie verkaufen Genussscheine, angeblich um das Geld der Gläubiger in alternative Energien zu investieren. Das Argument »Öko-Investment« zieht bei vielen Anlegern. Sie schauen nicht so genau auf das Kleingedruckte. Oft aber sind solche Projekte unrentabel – oder zumindest längst nicht so rentabel, wie im Prospekt versprochen. Manchmal steckt sogar Betrügerei dahinter. Lassen Sie sich solche Genussscheine deshalb nicht andrehen. Wenn Sie Genussscheine kaufen, sollten diese an der Börse notiert sein und überdies von Unternehmen stammen, die Sie kennen und einschätzen können. Der richtige Börsenplatz für Genussscheine ist übrigens meistens Stuttgart (Euwax).

Eine kleine Ausnahme lassen wir allerdings gelten. Außerbörsliche Genussscheine können interessant sein bei kleinen, örtlichen Unternehmen wie etwa Öko-Brauereien oder Konditoreien in Ihrer Stadt, Gemeinde oder Region. Hier ist die Emission außerbörslicher Genussscheine ein gutes Mittel, um eine Geschäftsidee umzusetzen oder ein vorhandenes Geschäft. Die Genussscheininhaber haben hier häufig die Wahl, ob sie die Ausschüttung in Geld oder in Bier, Pralinen oder sonstigen Erzeugnissen haben wollen. Nichts spricht gegen solche ortsnahen Investments –, vorausgesetzt, Sie haben die Möglichkeit, sich vorher eingehend über die Lage des betreffenden Unternehmens zu informieren. Investieren sollten Sie hier allerdings maximal kleinere Beträge, z. B. 100 oder 200 Euro.

Zertifikate und sonstige Wertpapiere

Frage: Bislang war ich der Meinung, dass Zertifikate zu den eher risikoreicheren Investments gehören. Ist das so?

Antwort: Bis einschließlich 2008 erfreuten sich Zertifikate einer stark wachsenden Beliebtheit. Das führte auch dazu, dass viele komplizierte, teure und überflüssige Zertifikate am Markt platziert wurden. Doch als im September 2008 die US-Investmentbank Lehmann Brothers pleiteging, wurde vielen Privatanlegern das Risiko von Zertifikaten erst richtig bewusst. Denn das größte Risiko bei einem Zertifikat besteht darin, dass der Emittent Insolvenz anmeldet und seinen Zahlungsverpflichtungen nicht mehr nachkommen kann. Das Zertifikat kann dann wertlos verfallen. Das nennt sich Emittenten-Risiko. Seitdem verteufeln viele Börsenberichterstatter Zertifikate. Dabei wird häufig allerdings völlig ignoriert, dass auch jede Anleihe ein solches Risiko in sich birgt. Unserer Ansicht nach sind einige ausgewählte Zertifikate (zum Beispiel Discount-Zertifikate) eine durchaus sinnvolle Beimischung für Ihr Depot. Allerdings sollten Sie die jeweilige Emissionsbank genau prüfen. Ein Pleitekandidat sollte es nicht gerade sein.

Was sind Zertifikate? Warum werden sie auch als »Derivate« bezeichnet?

Frage: Ich habe gelesen, Zertifikate gehören zu den Derivaten. Was bedeutet das? Und was sind Zertifikate genau?

Antwort: Zertifikate sind unterschiedlichste Wertpapiere, die rein rechtlich eine Inhaberschuldverschreibung darstellen. Das bedeutet, dass sie für ein Zahlungsversprechen des Emittenten, häufig eine Bank, an den Inhaber des betreffenden Papiers stehen. Der Begriff »Derivate« (»abgeleitete Wertpapiere«) ergibt sich dadurch, dass der Kurs eines Zertifikats vom Kurs eines sogenannten Basiswerts abgeleitet wird. Meist sind das Aktien oder Indizes. Von der Entwicklung dieses Basiswertes hängt die Wertentwicklung des Zertifikats ab.

Das heißt aber nicht, dass sich Zertifikate unbedingt deckungsgleich mit ihrem Basiswert entwickeln. Es heißt nur, aus der Entwicklung des Basiswerts wird durch irgendeine Berechnung der Kurs des Zertifikats hergeleitet. Welche Berechnung durchgeführt wird, hängt von der Art des einzelnen Zertifikats ab. Wichtig: Bei Zertifikaten gibt es ein Emittentenrisiko: Geht der Emittent pleite, ist ein Zertifikat kaum mehr etwas wert. Das ist übrigens auch dann der Fall, wenn sich der Basiswert bestens entwickelt hat.

Welche Arten von Zertifikaten gibt es?

Frage: Ich habe meinem Bankberater gesagt, ich möchte in ein Zertifikat investieren. Da hat er mich beinahe ausgelacht und meinte, bei der Vielzahl müsse ich mich schon klarer ausdrücken. Können Sie mir helfen, einen Überblick zu bekommen?

Antwort: Ihnen jedes einzelne Zertifikat zu beschreiben, würde den Rahmen dieser Antwort sprengen. Denn dafür ist diese Wertpapiergruppe viel zu unterschiedlich. Doch diese Aufzählung wird Ihnen zumindest einen groben Überblick verschaffen:

Index-Zertifikate

Beim typischen Index-Zertifikat ist der Basiswert ein Index wie beispielsweise der DAX oder der Dow Jones. Ein Index-Zertifikat bildet die Entwicklung des zugrunde liegenden Index ganz genau ab. Wenn der DAX um 1,5 Prozent an einem Tag steigt, wird auch ein Index-Zertifikat auf den DAX an diesem Tag um 1,5 Prozent steigen. Fallen die Kurse, fällt entsprechend auch das Index-Zertifikat. Ein Index-Zertifikat verhält also immer wie der Basiswert.

Weil der Zertifikatekurs am Kurs des Basiswerts »partizipiert« (also Anteil hat), nennt man Index-Zertifikate manchmal auch Partizipations-Zertifikate. Wenn Sie sich einmal für einen Index entschieden haben, ist es praktisch egal, welches Index-Zertifikat Sie kaufen. Wichtig ist nur, dass die emittierende Bank solvent und vertrauenswürdig ist.

> **Achtung: Bei Index-Zertifikaten auf Kursindizes verzichten Sie auf Dividenden**
>
> Wählen Sie am besten einen Performance-Index, denn bei einem Kursindex erhalten Sie keine Dividenden. Zum Hintergrund: Es gibt Indizes, in deren Kurs die Dividenden mit eingerechnet werden (z. B. DAX, MDAX, SDAX, Tec-DAX). Hier spricht man von einem Performance-Index. Bei anderen Indizes schlägt sich nur die Kursentwicklung der Indexmitglieder auf die Entwicklung des Index nieder, nicht aber die ausgeschütteten Dividenden. Hier spricht man von einem Kursindex (z. B. Dow Jones, EuroStoxx, Nikkei). Beim Kauf von Index-Zertifikaten sollten Sie nur auf Performance-Indizes setzen. Weil hier die Dividenden inbegriffen sind, entwickeln sie sich besser.

Der Vollständigkeit halber sei hier erwähnt, dass es Index-Zertifikate oder Zertifikate auf Edelmetalle wie Gold und Silber auch in währungsgesicherter Form gibt. Sie kaufen zum Beispiel ein Zertifikat auf den Goldpreis. Der Goldpreis wird aber traditionell in US-Dollar angegeben und Sie befürchten, dass der US-Dollar gegenüber dem Euro an Wert verlieren wird. In einem solchen Fall kaufen Sie am besten ein Quanto-

Zertifikat, also ein Zertifikat mit Währungsabsicherung. Hier wird ein fester Umtauschkurs zwischen Euro und US-Dollar zugrunde gelegt, an dem sich während der gesamten Laufzeit nichts ändert. Die Absicherung hat allerdings ihren Preis: Bei Quanto-Zertifikaten ist der Spread (also der Unterschied zwischen An- und Verkaufskurs) meist höher als bei nicht währungsgesicherten Zertifikaten. Hinzu kommt eine zum Teil üppige jährliche Gebühr für die Währungsabsicherung.

Basket-Zertifikate

Nach dem gleichen Prinzip wie Index-Zertifikate funktionieren Basket-Zertifikate. Auch sie gehören den Partizipations-Zertifikaten an und bilden den Basiswert deckungsgleich ab. Dieser Basiswert ist aber kein Index, sondern ein »Aktienkorb« (daher der Name »Basket«-Zertifikat«). Meist sind darin Aktien aus der gleichen Branche (z. B. Rohstoffe) oder Region (z. B. Lateinamerika) enthalten. Allerdings sind Basket-Zertifikate nur in Ausnahmefällen zu empfehlen. Ein Aktienkorb, der am Anfang noch recht attraktiv erscheinen mag, kann im weiteren Verlauf erhebliche Schwächen aufweisen. Die bessere Alternative sind hier aktiv geführte Fonds oder ETFs.

Discount-Zertifikate

Discount-Zertifikate sind durchaus attraktiv, wenn auch die Konstruktion etwas schwieriger erscheint. Auch ihnen liegt ein Basiswert zugrunde. Dieser ist in der Regel eine Aktie. Es kann aber auch ein Index sein. Mit dem Erwerb eines Discount-Zertifikats erhalten Sie das Recht, zu einem bestimmten Zeitpunkt in der Zukunft diesen Basiswert zu beziehen. Die Laufzeit von Discount-Zertifikaten liegt in der Regel zwischen einem und drei Jahren.

Statt des Basiswerts erhalten Sie zunächst das Discount-Zertifikat. Das kaufen Sie allerdings mit einem Rabatt (das englische Wort für Rabatt lautet »Discount«, daher der Name). Der Rabatt bezieht sich auf den aktuellen Kurs des Basiswerts. Er kann bei über 50 Prozent liegen, die Regel sind aber Rabatte von 5 bis 20 Prozent. Am Laufzeitende wird Ihnen dann die Aktie ins Depot gebucht.

Es gibt allerdings eine Ausnahme: Liegt der Aktienkurs bei Fälligkeit über einer bestimmten Obergrenze, dann erhalten Sie statt der Aktie nur den Betrag, bei dem diese Obergrenze liegt. Die Obergrenze heißt übrigens Cap (»Deckel«, »Kappungsgrenze«) und wird schon bei Emission des Zertifikats festgelegt. Steigt der Aktienkurs bis zum Ende der Laufzeit über den Cap hinaus, profitieren Sie nicht weiter davon. Sie nehmen also an der positiven Entwicklung des Basiswerts teil, aber nur bis der Cap erreicht ist. Danach bringen Ihnen weitere Kursanstiege nichts mehr. Bedenken Sie allerdings auch: Sie haben den Basiswert dafür aber mit einem mehr oder weniger kräftigen Rabatt bekommen. Ein weiterer Nachteil: Der Aktienbesitzer erhält eine Dividende, der Besitzer des Discount-Zertifikats muss darauf verzichten. Dennoch: Statistische Untersuchungen zeigen, dass die Mehrheit der Discount-Zertifikate besser abschneidet als der Basiswert (Aktie oder Index). Daher kann diese Zertifikategattung durchaus eine sinnvolle Depotbeimischung sein.

Bonus-Zertifikate

Bei Bonus-Zertifikaten erhalten Sie gegebenenfalls am Ende der Laufzeit eine festgelegte Extrazahlung. Die Voraussetzung ist allerdings, dass der Kurs des Basiswerts bis dahin einen festgelegten Wert (= Knock-in-Schwelle, Kursbarriere oder Sicherheitslevel) nicht berühren oder unterschreiten darf. Passiert das doch, entfällt der Bonus. Sie bekommen dann am Laufzeitende nur den Kurs des Basiswerts ausgezahlt – und nichts weiter. Wenn Sie sich für Bonus-Zertifikate interessieren, sollten Sie darauf achten, dass sich der aktuelle Kurs des Basiswerts weit oberhalb der Knock-in-Schwelle bewegt. Dieser Abstand zwischen Schwelle und aktuellem Kurs heißt Bonuslevel oder Bonusniveau.

Bei sehr stark schwankenden Werten oder in Marktphasen mit stärkeren Kursausschlägen ist die Knock-in-Schwelle schnell erreicht. Dann ist der Bonus verloren, und aus dem Bonus-Zertifikat wird ein einfaches Index-Zertifikat. Deshalb lautet unser Tipp: Kaufen Sie lieber gleich den Basiswert – sprich die zugrunde liegende Aktie. Wenn die Aktiengesellschaft nicht gerade Verluste schreibt oder in Existenznot ist, erhalten Sie als Aktionär auf jeden Fall eine Dividende – egal, was der Kurs macht. Mit anderen Worten: Finger weg von Bonus-Zertifikaten! Sie sind längst nicht so attraktiv wie oft angepriesen.

Garantie-Zertifikate

Bei einem Garantie-Zertifikat garantiert Ihnen der Emittent, dass Sie keine Verluste machen oder dass Sie maximal beispielsweise 5 oder 10 Prozent Ihres Einsatzes verlieren können. Sprich: Ihnen wird fürs Ende der Laufzeit eine Summe genannt, die Sie auf jeden Fall zurückerhalten (z. B. 90, 95 oder 100 Prozent Ihres Einsatzes).

Am Beispiel der Investmentbank Lehman Brothers haben Sie allerdings gesehen, wie viel eine Garantie wert ist, wenn der Garantiegeber pleite ist: nämlich gar nichts. Alle Lehman-Opfer in Deutschland hatten Garantie-Zertifikate gekauft – und ihr Geld war am Ende trotzdem weg.

Aber auch bei einem Emittenten, der nicht von der Pleite bedroht ist, sind Garantie-Zertifikate unattraktiv. Denn die Garantie bezieht sich ausschließlich auf das Laufzeitende. Zwischendurch kann der Kurs eines Garantie-Zertifikats sehr wohl Einbrüche erleiden. Wollen Sie dann verkaufen, ist die Garantie keinen Cent wert.

Außerdem ist die Verzinsung von Garantie-Zertifikaten äußerst mager. Die Banken lassen sich eine solche Garantie einiges kosten. Das heißt, Sie werden mit einem Garantie-Zertifikat nur ausgesprochen magere Renditen erzielen. Ein Kauf lohnt sich nicht.

Hebel- oder Knock-out-Zertifikate

Hebelzertifikate zählen zu den spekulativen Investments. Ein Hebel-Zertifikat bildet steigende oder fallende Kurse eines Basiswerts nach. Er »hebelt« diese nach oben sowie nach unten, verstärkt sie also. Der »Hebel« ist dabei nichts anderes als ein Faktor, der festlegt, wie stark ein Zertifikat gegenüber dem Basiswert steigt oder fällt. Hat ein Zertifikat beispielsweise den Hebel 2, hat das folgende Auswirkungen: Wenn der Basiswert um 2 Prozent steigt, legt das Hebelzertifikat um 4 Prozent zu. Sinkt der Kurs des Basiswerts dagegen um 3 Prozent, liegt der Verlust des Hebelzertifikats bei 6 Prozent.

Daneben gibt es Hebelzertifikate mit negativem Hebel, zum Beispiel -2. Hier wird die Kursbewegung des Basiswerts umgekehrt und ebenfalls verstärkt. Ein Kursverlust von 2 Prozent beim Basiswert würde somit einen Gewinn von 4 Prozent bringen, ein Kursgewinn von 2 Prozent dagegen einen Verlust von 4 Prozent.

Sie sehen also: Je größer der Hebel ist, desto spekulativer ist Ihre Geldanlage. Doch es gibt ein weiteres Kriterium, das Hebelzertifikate zu absoluten Zockerpapieren macht: Die Knock-out-Schwelle. Wenn der Basiswert einen gewissen Kursstand berührt oder unterschreitet (bei negativem Hebel: überschreitet), ist das Zertifikat auf einen Schlag wertlos. Sie sind mit Hebelzertifikaten also dem ständigen Risiko eines Totalverlusts ausgesetzt. Deshalb sind diese Risikopapiere nur in Ausnahmesituationen für Sie interessant (wenn es zum Beispiel keine andere Möglichkeit gibt, auf eine bestimmte Kursreaktion zu setzen).

Wo lassen sich Zertifikate am besten ordern?

Frage: Wo lassen sich Zertifikate am besten ordern?

Antwort: Zertifikate ordern Sie am besten über die Börse Stuttgart. Alternativ kommt auch das Derivatesegment der Frankfurter Wertpapierbörse (Scoach) für Sie in Frage, das ähnlich gute Bedingungen für Privatanleger bietet. Möglich ist bei Zertifikaten auch der Direkthandel, der oftmals günstigere Ordergebühren mit sich bringt. Hier müssen grundsätzlich die gleichen Preise gestellt werden wie im Börsenhandel. Da aber eine Handelsüberwachungsstelle fehlt, die bei Ungereimtheiten bei der Orderabwicklung eingreift, raten wir davon in den meisten Fällen ab.

Was ist von Zertifikaten zu halten?

Frage: Was halten Sie von Zertifikaten?

Antwort: Bestimmte Zertifikate sind sinnvoll, so zum Beispiel Discount-Zertifikate oder eine Reihe von Index-Zertifikaten. Allerdings muss man sie richtig einsetzen und sollte nicht seinen ganzen Fokus auf Zertifikate setzen. Ein Zertifikat hängt immer von drei Faktoren ab. Erstens von seiner Konstruktion, also der Berechnung des Zertifikatekurses in Abhängigkeit vom Kurs des Basiswerts. Zweitens von der Entwicklung des Basiswerts, also der Aktie, des Index, des Rohstoffs oder Edelmetalls. Und drittens von der Finanzstärke des Emittenten, also dem Herausgeber des Zertifikats. Nicht jede Bank ist eine sichere Bank. Zertifikate von Wackelkandidaten kaufen Sie daher besser nicht. Insgesamt halten wir Zertifikate aber für gute »Lückenfüller«, wenn bestimmte Kursereignisse mit Gewinn abgedeckt werden sollen. Auch wenn Zertifikate ein Risiko aufweisen, halten wir eine vollständige Verbannung aus dem Wertpapierdepot für übertrieben.

Was sind Optionsscheine?

Frage: Was sind Optionsscheine?

Antwort: Optionsscheine (oder »Warrants«, wie es auf Englisch heißt) gehören, wie Zertifikate auch, zu den Derivaten, also zu den abgeleiteten Wertpapieren. Sie beziehen sich auf einen Basiswert, von dessen

Entwicklung der Kurs des Optionsscheins abhängt. Dieser Basiswert ist, wie bei Hebelzertifikaten, entweder eine Aktie (z. B. Siemens), ein Index (z. B. der DAX), ein Rohstoff (z. B. Öl der Sorte WTI) oder ein Edelmetall (z. B. Gold).

Optionsscheine hebeln, ähnlich wie Hebelzertifikate, die Kursentwicklung des Basiswerts. Das bedeutet, sie vervielfachen jede Kursbewegung. Allerdings ist die Kursentwicklung eines Optionsscheins nicht so leicht berechenbar wie die eines Hebelzertifikats. Wer einen Optionsschein kauft, erwirbt einen Anspruch: Er darf eine bestimmte Menge des Basiswerts zu einem vorab festgelegten Preis kaufen oder verkaufen. Ein Kaufoptionsschein nennt sich »Call«, ein Verkaufsoptionsschein »Put«.

Bei den »europäischen« Optionsscheinen haben Sie das Recht, den Basiswert zu einem festgelegten Preis zu kaufen oder zu verkaufen, allerdings nur am Ende der Laufzeit. Bei den »amerikanischen« können Sie auch schon während der Laufzeit Gebrauch davon machen.

Eine wichtige Größe bei Optionsscheinen ist das Bezugsverhältnis. Es gibt an, wie viele Einheiten des Basiswerts Sie für Ihren Optionsschein bekommen. Das kann sehr unterschiedlich sein: Üblich sind Bezugsverhältnisse von 1:1 (beispielsweise eine Aktie für einen Optionsschein) bis zu 1:100 (eine Aktie für 100 Optionsscheine).

Wie funktioniert bei Optionsscheinen der Hebel?

Frage: Was ist der Hebeleffekt bei Optionsscheinen?

Antwort: Der Hebel bei Optionsscheinen hat folgende Auswirkung: Bei einem Anstieg des Basiswerts machen Sie bei einem Call-Optionsschein mit gleichem Einsatz höhere Gewinne als beim Kauf des Basiswerts. Sie können bei einem Kursverlust mit dem gleichen Einsatz aber auch deutlich mehr verlieren. Wie groß der Hebel ist, hängt von der Art und Ausstattung des jeweiligen Optionsscheins ab. Doch diese Hebelwirkung funktioniert auch in die andere Richtung. Geht der Kurs des Basiswerts auf Talfahrt, verliert ein Call-Optionsschein sogar noch mehr als die Aktie. Bei Put-Optionsscheinen machen Sie Verluste, wenn der Basiswert steigt.

Riskantes Investment – nur für risikobereite Anleger geeignet

Anders als Hebelzertifikate haben Sie aber immerhin noch die Chance, dass sich das Papier bis zum Laufzeitende wieder erholt. Eine Knock-out-Barriere, die den Schein vor Ende der Laufzeit wertlos macht, gibt es bei Optionsscheinen nicht. Trotzdem: Entwickelt sich der Kurs des Basiswerts bis zum Schluss nicht so, wie Sie das erwartet haben, droht im Extremfall sogar ein Totalverlust. Darüber müssen Sie sich bei Optionsscheinen im Klaren sein.

Sind Optionsscheine zu riskant?

Frage: Mein Bankberater hat mir gesagt, Optionsscheine seien nichts für mich. Ist das wirklich so? Sollte man von Optionsscheinen lieber die Finger lassen?

Antwort: Das kommt ganz auf Ihre Einstellung an. Wenn Sie zu den risikobereiten Anlegern gehören, könnten Optionsscheine sehr interessant für Sie sein. Zählen Sie sich eher zu den konservativen Anlegern, hat Ihr Bankberater recht: Dann sind Optionsscheine nichts für Sie. Denn Optionsscheine bieten enorme Gewinnchancen, aber auch die Verlustrisiken sind erheblich. In Optionsscheine können Sie dann investieren, wenn Sie bereit sind, mit einem kleinen Teil Ihrer Anlagesumme zu spekulieren, und sich außerdem schon bestens an der Börse auskennen. Um Optionsscheine kaufen zu dürfen, muss die Bank Sie übrigens als »termingeschäftsfähig« einstufen. Dazu müssen Sie bestimmte Angaben zu Ihrer Börsenerfahrung und Risikobereitschaft machen. Bei Verlusten können Sie die Bank dann nicht haftbar machen.

Was sind ETCs?

Frage: Von ETFs habe ich schon häufig gelesen. Aber was sind nun ETCs?

Antwort: Die Abkürzung ETC steht für Exchange Traded Commodities. Der Begriff »Commodities« heißt übersetzt Rohstoffe. Es geht hierbei also um börsengehandelte Wertpapiere mit dem Schwerpunkt auf den Rohstoffsektor. Kurzum: ETCs sind Wertpapiere, die den Rohstoffpreis abbilden und an ganz normalen Wertpapierbörsen gehandelt werden (und nicht etwa, wie sonst bei Rohstoffen üblich, an Terminbörsen).

ETCs können Sie über eine Börse kaufen und verkaufen, als wären es Aktien oder Fondsanteile. Aber Achtung: So sehr die Abkürzung ETC der Abkürzung ETF ähnelt – die Wertpapiere, die sich dahinter verbergen, sind ganz anders konstruiert. Die ETCs der Rohstoffe werden meist mit Terminkontrakten unterlegt, also mit Lieferverträgen, die sich auf die Zukunft beziehen. Wie bei Zertifikaten kommt es bei ETCs darauf an, ob der Emittent zahlungsfähig ist oder nicht. Ist er es nicht, dann kann dessen ETC schnell wertlos werden. Mit anderen Worten: ETCs sind anders als ETFs kein Sondervermögen, das den Anlegern auch dann noch erhalten bleibt, wenn der Emittent pleitegeht.

ETCs gibt es auf vielerlei Rohstoffe. Egal ob Weizen, Mais, Nickel, Gas oder Öl. Meist werden diese zusammengefasst in Gruppen wie »Agrargüter«, »Energie«, »Industriemetalle« oder »Edelmetalle«. Viele ETCs sind nicht physisch besichert, sondern bilden nur den Preis der jeweiligen Rohstoffgruppe mithilfe von Terminkontrakten und Swaps (Tauschgeschäften zwischen Banken und Rohstofflieferanten) ab. Es gibt aber eine Ausnahme im Bereich der Edelmetall-ETCs. Da gibt es einige (aber nicht alle!), die tatsächlich physische Barren einlagern.

Meist nicht empfehlenswert

Wir sehen ETCs mit großer Skepsis und empfehlen Ihnen nicht, Ihr Geld in solchen Wertpapieren anzulegen (Ausnahme: physisch besicherte Gold-ETCs). Bei ETCs auf Agrargüter besteht außerdem die Gefahr, dass sie Lebensmittel verteuern und damit für ärmere Menschen gerade in Schwellen- und Entwicklungsländern unerschwinglich machen.

Börsenweisheiten & Anlagestrategien

Wer in Wertpapiere investiert, sollte sich nicht von kurzfristigen Überlegungen verleiten lassen, sondern besser eine klare Anlagestrategie verfolgen. Sinnvoll ist dies vor allem, um nicht aus Gier oder plötzlicher Angst Entscheidungen zu treffen, die sich im Nachhinein als verlustträchtig entpuppen. Was aber ist die richtige Strategie? An welchen Grundsätzen können Sie sich beim Einstieg und als routinierter Anleger orientieren? Fragen und Antworten dazu finden Sie in diesem Kapitel.

Reichen 1.000 Euro für den Börseneinstieg?

Frage: Ich bin Neueinsteiger mit einem kleinen Budget. Deshalb die Frage: Ist es möglich, als Anleger mit nur 1.000 Euro an der Börse zu starten?

Antwort: Es kommt darauf an: Falls es dauerhaft bei den 1.000 Euro bleibt, lohnt sich ein Börseneinstieg aus unserer Sicht nicht. Falls aber das Startkapital in den Folgejahren aufgestockt werden kann, reichen die 1.000 Euro, um vorab das kleine Börsen-ABC zu erlernen.

Die Summe reicht, um ein Depotkonto zu eröffnen. Anschließend können Sie zum Beispiel zwei kleinere Aktienpositionen zu je 500 Euro kaufen. Dann lernen Sie, wie Börsengeschäfte ablaufen, und sind später fit, wenn Sie größere Summen investieren wollen. Es ist klar, dass bei einer Startsumme von 1.000 Euro die Transaktions- und Depotkosten ein wahrer »Renditefresser« sind. Diese prozentual höhere Belastung müssen Sie innerlich als Ausbildungskosten verbuchen.

Zwei unterschiedlichen Aktienpositionen sind empfehlenswert, da Sie dann bereits ganz gut üben können: Wie fülle ich die Handelsmaske beim Online-Broker korrekt aus? Beim ersten Mal ist das eine scheinbar komplizierte und zeitfressende Aufgabe, doch schon bei der zweiten Order werden Sie erkennen, dass Sie schnell und einfach Ihr Ziel erreichen. Sie erleben direkt den Fortschritt, den Sie gemacht haben.

Praxistipp: Wählen Sie Ihre ersten Aktien gleich strategisch aus

Bei der Aktienauswahl können Sie strategisch vorgehen. So empfehlen wir, dass Sie zu Beginn Ihrer Börsenlaufbahn eine Aktie von einem börsennotierten Unternehmen aus Ihrer Region auswählen. Denn: Die Aktie ist auch Ihre Eintrittskarte für die jährliche Hauptversammlung der Aktiengesellschaft (AG). Sie können dann ohne großen Aufwand zur Hauptversammlung fahren und dort erste Live-Erfahrungen als Aktionär machen. Die zweite Aktienposition können Sie ebenfalls strategisch auswählen. Kaufen Sie Aktien von einem Unternehmen, das Sie aus eigener beruflicher Erfahrung relativ gut einschätzen können. Wenn Sie in der Chemiebranche arbeiten, ist für Sie zum Beispiel die BASF-Aktie interessant. Arbeiten Sie in der Automobilbranche, kommen Werte wie VW, Daimler oder BMW in Frage. Der Vorteil: Wenn Sie sich in einer Branche gut auskennen, wird es Ihnen wesentlich leichter fallen, die Quartals- und Geschäftsberichte zu lesen und zu interpretieren. Sie haben ein eigenes Gefühl für die Branche und können vergleichen, ob das Zahlenwerk zu Ihrer Praxiserfahrung passt.

Wie Sie sehen: Es ist durchaus sinnvoll, mit einer relativ kleinen Summe an der Börse zu starten. Sie können dann alles testen und ausprobieren, was Sie später mit mehr Kapitaleinsatz machen wollen. Auch hier gilt: Übung macht den Meister!

Allzeithoch: Kann ich dann noch Aktien kaufen?

Frage: Soll man noch Aktien kaufen, wenn der Aktienmarkt ein neues Allzeithoch erreicht hat?

Antwort: Ein neues Allzeithoch am Aktienmarkt kann in der Tat ein Warnsignal sein. Eine solche Situation hatten wir in Deutschland zum Beispiel im Jahr 2000. Damals ist der deutsche Leitindex, der DAX, zum ersten Mal auf 8.000 Punkte gestiegen. Diese Kurssteigerung war völlig losgelöst von den wirtschaftlichen Daten der 30 DAX-Unternehmen. Im historischen Durchschnitt werden die DAX-Werte mit rund dem 15-fachen Jahresgewinn bewertet, also mit einem Kurs-Gewinn-Verhältnis (KGV) von 15. Im Jahr 2000 stieg dieser Wert auf weit über 30. Einige DAX-Unternehmen kamen auf ein KGV von über 100. Das war eine riesige Übertreibung, eine spekulative Blase. Diese Blase ist dann auch geplatzt.

Im Jahr 2013 hat der DAX erneut ein Allzeithoch erreicht. Obwohl mit 8.500 Punkten der Punktestand aus dem Jahr 2000 überboten wurde, ist keine spekulative Blase in Sicht, da die 30 DAX-Unternehmen Umsatz und Gewinn im Verhältnis zum Jahr 2000 mehr als verdoppelt haben. Die gut 8.500 Punkte passen zu den historischen Durchschnittswerten. Ein neues Allzeithoch kann also ein Warnsignal sein, muss es aber nicht.

Langfristig betrachtet sind neue Allzeithochs sogar völlig normal. Der US-Aktienindex Dow Jones ist im Laufe von gut 100 Jahren von rund 30 auf über 15.000 Punkte gestiegen. Der deutsche Leitindex DAX ist in seiner 25-jährigen Geschichte von 1.000 auf 8.500 Punkte gestiegen. Diese Beispiele zeigen Ihnen, dass es immer wieder neue Höchststände am Aktienmarkt gegeben hat. Das wird auch in der Zukunft so bleiben.

Unser Tipp: Sparpläne helfen, günstig einzukaufen

Falls Sie angesichts der Rekordstände am Aktienmarkt Bauchschmerzen bei Aktienkäufen haben, können Sie den »Cost-Average-Effekt« nutzen. Wer mit überschaubaren Risiken in den Aktienmarkt einsteigen will, kann einen Sparplan auf Aktien oder Fonds abschließen. Wer regelmäßig pro Monat oder pro Quartal einen festen Betrag investiert, erhält für diesen Betrag in schwachen Börsenphasen viele Aktien und Fondsanteile und in guten Phasen nur wenige (das wird »Cost-Average-Effekt« = »Durchschnittskosteneffekt« genannt). Auf Dauer ergibt sich so ein attraktiver Einstiegskurs.

Anlagestrategie: Wie vermeide ich vorschnellen Verkauf und Festhalten an Verlustbringern?

Frage: Seit rund drei Jahren versuche ich mit Aktien mein Glück an der Börse. Obwohl die Börse gut gelaufen ist, bin ich mit meinem Ergebnis nicht zufrieden. Ich mache immer wieder die gleichen Fehler. Wenn eine Position ins Minus rutscht, kann ich mich davon nicht trennen. Sobald aber ein kleiner Gewinn da ist, verkaufe ich, weil ich Angst habe, dass diese Position auch noch ins Minus rutscht. So komme ich nie zu hohen Gewinnen. Was soll ich tun?

Antwort: Ihre Sorgen sind verständlich. So wie Sie reagieren sehr viele Anleger an der Börse. Verluste laufen lassen und Gewinne begrenzen – das machen viele. Logisch wäre die umgekehrte Strategie: Verluste zu begrenzen und Gewinne laufen zu lassen.

Gegen die richtige Strategie wehrt sich aber unser Kopf. Die Wissenschaftler Kahneman und Tversky haben schon in den 70er-Jahren nachgewiesen, dass ein Verlust mindestens doppelt so stark schmerzt, wie ein Gewinn in gleicher Größenordnung an positiven Gefühlen auslöst. Daher verdrängen wir die Realität und lassen Verluste an der Börse einfach laufen. Indem sie verlustreiche Positionen einfach nicht verkaufen, verschließen sich Anleger vor der Tatsache, dass sie einen teuren Fehler gemacht haben.

Aber wie lässt sich diese Falle umgehen? Zum einen hilft es, wenn man sich klar macht, dass es an der Börse keine Trefferquote von 100 Prozent gibt. Wenn von 10 Aktienpositionen im Depot fünf in der Gewinnzone liegen, drei stagnieren und zwei im Minus liegen, ist das ein gutes bis sehr gutes Ergebnis. Wenn der Druck, eine Trefferquote von 90 oder 100 Prozent erzielen zu wollen, verschwunden ist, fallen auch frühzeitige Verkäufe zur Verlustbegrenzung leichter.

Zum anderen gibt es an der Börse technische Hilfsmittel. So können Sie mit Stop-Loss-Marken arbeiten. Wenn Sie eine Stop-Loss-Marke (siehe

Glossar und Kapitel »Risikomanagement & Verlustbegrenzung«) 20 Prozent unter Ihrem Einkaufskurs platzieren, begrenzen Sie automatisch den möglichen Verlust.

Zusätzlich gibt es heute moderne Ordervarianten wie die Trailing-Stops. Das ist ebenfalls eine Stop-Loss-Marke, die sich aber automatisch nach oben anpasst. Sie können zum Beispiel festlegen, dass die Aktie verkauft werden soll, wenn die Aktie 20 Prozent unter das Jahreshoch fällt. Steigt der Aktienkurs von 50 auf 100 Euro, wird die Stop-Loss-Marke automatisch von 40 (20 Prozent unter 50 Euro) auf 80 Euro (20 Prozent unter 100 Euro) hochgezogen. Der Vorteil für Sie: Sie können die Gewinne einfachen laufen lassen, haben aber gleichzeitig eine automatische und dynamische Gewinnabsicherung eingebaut.

Welche Börsenweisheiten sind wahr, welche nicht?

Frage: Ich orientiere mich gerne an den Börsenweisheiten, die schon seit Generationen gelten. Was ist davon zu halten?

Antwort: Um es zu kurz zu machen: Die alten Börsenweisheiten haben oft einen wahren Kern, aber im Einzelfall sollten sie nicht überschätzt werden. Zum Teil werden die alten Börsenweisheiten sogar missbraucht, um damit Geschäfte zu machen. Im Folgenden finden Sie eine Einschätzung der gängigsten Börsenweisheiten.

Hin und her macht Taschen leer

An dieser Börsenweisheit ist viel Wahres dran. Denn der ständige Kauf und Verkauf von Wertpapieren bringt hohe Transaktionskosten mit sich. Daher gilt: Orientieren Sie sich lieber langfristig bei der Geldanlage. Kaufen Sie vorwiegend Wertpapiere, die Sie nicht gleich nach wenigen Wochen oder Monaten wieder verkaufen müssen. Steigen Sie bei Kursschwankungen nicht gleich aus, weil Sie sich vor Verlusten fürchten, sondern setzen Sie systematische Stop-Loss-Marken zur Verlustbegrenzung. Sonst verdient die Depotbank mehr an Ihren Wertpapieren als Sie selbst.

Lege nicht alle Eier in einen Korb!

Auch diese Börsenweisheit ist richtig. Sie sollten nicht alles Geld auf ein einziges Wertpapier setzen, und auch nicht allein auf eine Wertpapiergattung (z. B. Aktien) oder ein Land (z. B. Deutschland). Empfehlenswert ist stets eine Risikostreuung. Dann gleichen Sie die Verluste mit einem Wertpapier durch Gewinne beim anderen wieder aus.

Sell in May and go away. But always remember: Come back in September.

Jedes Jahr im April und im August füllen sich unsere Postfächer. Die Zahl der Leseranfragen nimmt deutlich zu. Auslöser sind oft Zeitungsberichte oder ein »Tipp« des Hausbankers. Der Ratschlag lautet jeweils, das gesamte Aktiendepot zu räumen und später wieder neu einzusteigen. Auslöser ist die Börsenweisheit: »Sell in May and go away. But always remember: Come back in September.« Frei übersetzt heißt das: »Verkaufe im Mai und verlasse die Börse. Vergiss aber nicht, im September wieder einzusteigen«. In der »August-Warnung« geht es weniger um eine Börsenweisheit, sondern um die allgemeine Angst vor dem drohenden »September-Crash«. Laut Statistik sei der September der schlechteste Börsenmonat und immer wieder gut für einen Kurssturz.

Betrachten wir zunächst die »Sell-in-May-Regel«. In den vergangenen 15 Jahren wäre die Verkaufsstrategie in 9 Fällen aufgegangen (allerdings nur, wenn keine Transaktionskosten berücksichtigt werden!). In 6 Fällen stiegen die Kurse im Sommer. Diese Statistik spricht dafür, dass an der Regel etwas dran sein könnte. Allerdings gab es in diesen 15 Jahren zwei Sondereffekte. Am 11. September 2001 lösten die Terroranschläge in New York einen weltweiten Kurssturz an den Börsen aus. Am 15. September 2008 ging die US-Bank Lehman Brothers pleite und löste eben-falls einen Kurssturz aus. Ohne diese zeitlich zufällig terminierten Effekte wäre die Börsenbilanz zwischen Anfang Mai und Ende September relativ ausgeglichen gewesen. Unter dem Strich wären die Verkaufskosten, die entgangenen Dividenden von Mai bis September, die Rückkaufkosten und der Zeitaufwand für die zweimaligen Umschichtungen nur unnötige Belastungen gewesen. Sicher gewonnen hätte nur Ihre Depotbank und die Börse, die die Transaktionskosten kassiert hätten.

Sollte man die »Sell-in-May-Regel« also einfach ignorieren? So weit würden wir nicht gehen. Der Kern der Börsenweisheit betrifft die Som-mermonate. In der Urlaubszeit wird nur wenig gehandelt. Viele Investo-ren vernachlässigen ihr Aktiendepot. Daher auch die oft unberechenba-ren Schwankungen im Sommer.

Tipp: spekulative Positionen absichern und Sommerflaute für Zukäufe nutzen

Sichern Sie speziell die spekulativen Positionen (z. B. Optionsscheine) mindes-tens im Sommer mit einer festen Stop-Loss-Marke ab. Auf der anderen Sei-te können Sie die unberechenbaren Sommerkurse auch für gezielte Zukäufe nutzen. Besonders das Nebenwertesegment ist dann regelmäßig ausgetrocknet. Wenn dann ein Investor eine größere Nebenwerteposition verkaufen muss, kann es echte »Schnäppchenkurse« geben, da sich kaum Nachfrager finden. In den Sommermonaten lohnt sich daher häufig ein »Abstauber-Limit«, also eine Or-der, bei der das Limit unterhalb des aktuellen Kurses liegt. Wenn auch nur ein Abstauber-Limit pro Sommer ausgeführt wird, können Sie mit den anschlie-ßenden Kursgewinnen in der Erholungsphase Ihren nächsten Sommerurlaub finanzieren.

Betrachten wir noch kurz den »Crash-Monat« September. Einen echten Crash mit Kursverlusten von 30 Prozent gab es laut unserer Datenbank in den vergangenen 100 September-Monaten nur ein einziges Mal: im September 1931 (Weltwirtschaftskrise). Mit einer Durchschnittsrendite von -1,1 Prozent ist der September der statistisch betrachtet schwächste

Börsenmonat des Jahres. Aber rechtfertigt ein solches Miniminus eine Depotumschichtung Jahr für Jahr? Unser Rat: Halten Sie im Börsenmonat September die Augen offen, aber Panik ist nicht angebracht.

Greife nie in ein fallendes Messer

Diese Börsenweisheit klingt gut, bringt Ihnen in der Praxis aber gar nichts. Besagt Sie doch: Kaufen Sie bei Aktiencrashs lieber nicht, solange die Kurse noch auf breiter Front purzeln, sondern warten Sie lieber ab, bis eine Bodenbildung erkennbar ist.

Glauben Sie uns: Zig Millionen Anleger rund um den Globus versuchen genau das. Und trotzdem ist es auch den Profis praktisch unmöglich, den Einstiegszeitpunkt so zu terminieren, dass er wirklich genau den Tiefpunkt des jeweiligen Wertpapiers erwischt.

Wir raten Ihnen stattdessen: Richten Sie sich danach, ob die Aktie aktuell zu hoch oder zu tief bewertet ist. Ist sie (etwa aufgrund von fundamentalen Kennzahlen wie dem KGV) zu niedrig bewertet, spricht nichts gegen einen Kauf. Fällt der Kurs anschließend noch tiefer, bevor er sich wieder erholt, ist das zwar Pech. Aber wie gesagt: Den optimalen Einstiegszeitpunkt finden Sie sowieso nie. Und langfristig ist die Frage immer weniger bedeutsam, wann genau Sie die Aktie gekauft haben.

Tipp: Nutzen Sie Stop-Buy-Orders

Automatisch kaufen, wenn es wieder aufwärts geht. Zu diesem Zweck können Sie eine Stop-Buy-Order aufgeben (manchmal findet sich diese Orderart auch unter dem Begriff »Stop Market«). Das heißt: Sie geben eine Kauforder auf und wählen die Orderart Stop Buy oder Stop Market. Als entsprechendes Limit tragen Sie dann einen Aktienkurs ein, der über dem aktuellen liegt. Gekauft wird die betreffende Aktie dann zum nächstgültigen, sobald der Kurs das eingegebene Limit berührt oder überschritten hat. Aber Achtung: Eine Garantie, dass es danach nur noch aufwärts geht, haben Sie natürlich nicht.

Kaufen, wenn die Kanonen donnern

Diese Weisheit scheint der oben genannten (»Greife nie in ein fallendes Messer«) genau zu widersprechen. Kaufen, wenn die Kanonen donnern heißt, Börsencrashs gezielt für den Zukauf von Aktien zu nutzen.

Wir haben mit dieser Strategie aber gute Erfahrungen gemacht, auch wenn man dazu starke Nerven braucht. Sie eignet sich nämlich für Aktien, die Sie ohnehin ins Auge gefasst haben, etwa weil die fundamentale Bewertung gut ist. Wenn die Mehrzahl der Börsianer aus Angst vor neuerlichen Kursstürzen verkauft, können Sie tatsächlich Schnäppchen erhalten. Allerdings kann es durchaus sein, dass auch eine fundamental gute Aktie erst einmal weiter fällt. Trotzdem ist ein Umfeld der Angst oft eine gute Zeit, sich mit Aktien einzudecken. Aber auch hier bitte unbedingt auf die Qualität achten. Denn nur fundamental gute Aktien haben das Potenzial, sich von einem Kurssturz wieder zu erholen.

Alternative: Kauf mit »Abstauber-Limit«

Sie brauchen den nächsten Crash gar nicht unbedingt abzuwarten, wenn Sie eine limitierte Kauforder aufgeben. Also eine Order, bei der Sie als Limit den Kaufpreis eingeben, den Sie höchstens für die betreffende Aktie zahlen wollen. Normalerweise werden Sie ein Limit eingeben, das ungefähr dem aktuellen Börsenkurs entspricht. Versuchsweise lohnt es sich aber auch, ein sogenanntes Abstauber-Limit einzugeben, also ein Limit, das beispielsweise 10 oder 20 Prozent unter dem aktuellen Kurs liegt. Dann brauchen Sie bei Kursstürzen nicht gleich an Ihren Computer zu eilen. Denn Ihre Order wird automatisch ausgeführt, sobald der Börsenkurs auf oder unter Ihr Abstauber-Limit fällt. Voraussetzung ist allerdings, dass zeitgleich keine anderen, unlimitierten Kauforders für den betreffenden Wert vorliegen. Denn diese haben Vorrang.

Was ist die Buy-and-Hold-Strategie? Ist sie aktuell noch empfehlenswert?

Frage: Mein Vater, wie ich in der Geldanlage aktiv, hält die Buy-and-Hold-Strategie für unschlagbar. Ich höre aber immer wieder, dass sie längst überholt sei. Wie schätzen Sie das ein?

Antwort: Die Strategie, Aktien zu kaufen und langfristig zu halten (Buy-and-Hold-Strategie) wird von vielen Anlegern heute nur noch belächelt. Es wundert uns nicht, dass Sie so viel Negatives hören. Ihr Vater kennt sicher noch das Zitat des »Börsen-Philosophen« André Kostolany: »Kaufen Sie Aktien, nehmen Sie Schlaftabletten und schauen Sie die Papiere nicht mehr an. Nach vielen Jahren werden Sie sehen: Sie sind reich.« Dieses Zitat taucht heute kaum noch in der Börsenliteratur auf. Denn die Kritiker bemängeln, dass die Globalisierung, der Computerhandel und andere Faktoren ein regelmäßiges Umschichten innerhalb des Depots erfordern. Diese Aussagen sind zum Teil berechtigt. Das Geschäft ist schnelllebiger geworden – auch an der Börse. Damit haben die Kritiker dieser Strategie nicht Unrecht.

Allerdings sollte man die Buy-and-Hold-Strategie nicht voreilig beerdigen. Zwar raten Banker, Broker und Fondsmanager fast schon gewohnheitsmäßig davon ab, eine Position jahrelang im Depot zu belassen. Aber diese Berufsgruppen leben schließlich davon, dass Anleger möglichst häufig umschichten und immer wieder Transaktionskosten beim Kauf oder Verkauf von Wertpapieren bezahlen. Da mag ein Umschichten in der Theorie durchaus manchmal bessere Ergebnisse bringen. Wenn Sie aber in der Praxis die Transaktionskosten von den Gewinnen abziehen, kann die Rechnung ganz anders aussehen. Achten Sie daher immer darauf, wer Ihnen empfiehlt, Ihre Depotpositionen möglichst mehrfach pro Jahr zu tauschen. Wenn die Person am Handel verdient, ist dieser Rat mit Vorsicht zu genießen.

Ein weiteres Indiz, die Langfriststrategie nicht zu begraben: Börsenlegende Warren Buffett ist mit dieser zum reichsten Investor der Welt geworden. Schlecht kann die Strategie also nicht sein. Die aktiven Trader müssen erst einmal beweisen, dass sie auf Sicht von 10, 20 oder 30 Jahren bessere Ergebnisse als Buffett erzielen.

Halten nicht um jeden Preis

Die Buy-and-Hold-Strategie bedeutet indessen nicht, den Aktien im eigenen Depot keine Beachtung mehr zu schenken. Im Gegenteil: Speziell der erfolgreiche Investment-Profi Warren Buffett macht es anders. Als wahrer »Zahlenfresser« verschlingt er jede Bilanz der Unternehmen in seinem Portfolio. Wenn sich die Ausgangslage verschlechtert, werden die jeweiligen Aktien verkauft. Die Langfriststrategie richtet sich also nur gegen unnötigen und teuren Aktionismus. Wenn das Geschäftsmodell erfolgreich ist und das Management seinen Job gut macht, können Sie als Privatanleger eine Aktie auch über viele Jahre halten. Das gilt auch – und besonders – in Phasen von Börsenpanik und Kursstürzen auf breiter Front. Sitzen Sie die Verluste dann einfach aus. Gute Aktien erholen sich wieder.

Was halten Sie von Megatrends (Rohstoffe, Wasser, Biotechnologie, IT-Aktien, Mittelstandsanleihen)?

Frage: Immer wieder werden von den Medien neue Trends aufgedeckt, bei denen sich ein Investment angeblich besonders lohnt. Was halten Sie davon?

Antwort: Gar nichts. Lassen Sie sich nicht vorgeben, in was Sie investieren. Zwar sorgt die positive Berichterstattung zunächst oft tatsächlich für steigende Kurse – ganz einfach, weil viele Menschen diese Werte plötzlich kaufen. In der Praxis gilt aber: Wird ein Megatrend erst öffentlich gefeiert, ist er meistens schon wieder vorbei. Dann nutzen ihn nur die Banken, um den Anlegern noch überteuerte Produkte wie Basket-Zertifikate, ETCs oder ETFs auf speziell konstruierte, völlig intransparente Indizes anzudrehen, deren Gewinnchancen höchst zweifelhaft sind.

»**Langweilige«** Aktien sind oft die besseren Investments

Besser als irgendwelchen Trends hinterherzulaufen ist die Frage, welche Güter und Dienstleistungen schon in der Vergangenheit erfolgreich waren und wohl in Zukunft gefragt sein werden. Und wenn die Antworten noch so langweilig sind (Zahnpasta, Nahrungsmittel, Autos, Pharmaprodukte, Maschinen): Hier finden Sie in aller Regel die besseren Investments, die sich auch auf lange Sicht lohnen.

»Verbilligen«: Lohnt es sich, Aktien nachzukaufen, wenn die Kurse gefallen sind?

Frage: Ich besitze Aktien der Deutschen Telekom. Mein Einstiegskurs lag bei über 30 Euro. Aktuell notiert die T-Aktie bei 10 Euro. Ich habe also viel zu teuer eingekauft. Was halten Sie davon, wenn ich die gleiche Aktienanzahl noch einmal kaufe? So kann ich den durchschnittlichen Einstandskurs drastisch reduzieren und komme später wieder schneller in die Gewinnzone.

Antwort: Die von Ihnen beschriebene Strategie des »Verbilligens« ist an der Börse sehr beliebt. Wir sagen aber ganz direkt: Davon halten wir überhaupt nichts. Durch den Kauf einer zweiten Position gewinnt die erste Position keinen einzigen Cent an Wert. Ihr alter Verlust bleibt bestehen. Das einzige, was sich ändert, ist der Verlust in Prozent ausgerechnet, wenn Sie beide Positionen mischen. Mit anderen Worten: »Verbilligen« funktioniert nicht – das ist nur Selbstbetrug. Fakt ist: Sie haben die erste Aktienposition zu 30 Euro gekauft. Das wird sich bis zum Verkauf auch nicht mehr ändern.

Das bedeutet jedoch nicht, dass man niemals zusätzliche Aktien kaufen sollte, wenn eine Position in die Verlustzone gerutscht ist. Falls in einem allgemeinen Börsencrash eine Qualitätsaktie wie Nestlé oder Coca-Cola unter Druck gerät und 20 oder 30 Prozent verliert, können Sie selbstverständlich weitere Aktien kaufen. Allerdings sollten Sie das nur dann tun, wenn Sie zukünftig Kurssteigerungen erwarten. Ihre Altposition darf dagegen bei dieser Kaufentscheidung keine Rolle spielen. Das sind zwei völlig unterschiedliche Anlageentscheidungen, die Sie strikt voneinander trennen sollten. Ist es so, dass Sie der alten Position kein Comeback zutrauen, empfehlen wir keinen Zukauf, sondern – ganz im Gegenteil – den Verkauf. Das dadurch freiwerdende Kapital können Sie in eine Aktie investieren, die aus fundamentaler Sicht mehr Gewinnpotenzial besitzt.

Verluste nicht überschätzen

Einige Anleger überschätzen ihre Verluste. Wenn ein Anleger eine Aktie für 100 Euro gekauft hat, diese aber heute nur noch bei 80 Euro notiert, liegt der Kursverlust bei 20 Prozent. Bei einer Gesamtbetrachtung müssen aber auch noch die Dividenden berücksichtigt werden, die während der Haltezeit kassiert wurden. Die im Laufe der Jahre angefallenen Ausschüttungen werden in der Spalte Gewinne / Verluste in Ihrem Depot nicht ausgewiesen. Hier wird nur der Einstandskurs mit dem aktuellen Kurs verglichen und die Dividenden fallen unter den Tisch. Beachten Sie: Eine Aktie mit hoher Dividendenrendite kann ein Kursminus mehr als ausgleichen und unter dem Strich doch für einen »versteckten« Gewinn sorgen.

Führt Gier zwangsläufig zu Verlusten?

Frage: Ist Gier die größte Verlustgefahr an der Börse?

Antwort: Das lässt sich so nicht sagen. Gier in der falschen Börsenphase ist die größte Gefahr. Wenn die Aktienkurse steigen und steigen und die Bewertungskennzahlen gen Himmel schießen, wird Gier zur Zeitbombe. Irgendwann platzt der Aktienboom. Wer dann noch aus Gier voll investiert ist, wird hohe Verluste erleiden. Aus dieser Perspektive betrachtet haben Sie Recht.

Aber: Wenn die Aktienkurse im Keller sind, kann Gier eine positive Börseneigenschaft sein. Während sich andere Anleger ängstlich verkriechen, decken sich gierige Anleger mit den »abgestürzten« Qualitätsaktien ein und können dann zwei oder drei Jahre später auf üppige Gewinne hoffen. Die Börsenlegende Warren Buffett hat es auf den Punkt gebracht: »Sei ängstlich, wenn andere gierig sind, sei aber gierig, wenn andere ängstlich sind.« Dieser Mut, antizyklisch (= gegen den Trend) zu handeln, wird oft belohnt.

Ich will mein Geld ethisch korrekt investieren. Was empfehlen Sie mir?

Frage: Ich will mein Geld ethisch korrekt an der Börse anlegen und Branchen wie Rüstung und Tabak meiden. Was empfehlen Sie mir?

Antwort: Leider ist es in der Börsenpraxis sehr schwer, ethische Auswahlkriterien zu 100 Prozent einzuhalten. So gibt es keine allgemeingültigen Auswahlkriterien. Die beiden von Ihnen genannten Branchen Rüstung und Tabak passen sicherlich nicht in ein ethisch »sauberes« Depot. Aber was ist zum Beispiel mit Unternehmen aus der Nahrungsmittelbranche? Unternehmen wie Coca-Cola oder McDonald's leben davon, dass sie »Dickmacher« verkaufen und damit indirekt die Gesundheit ihrer Kunden gefährden. Oder wer will kontrollieren, ob ein global agierender Nahrungsmittelkonzern genmanipulierte Lebensmittel im Sortiment hat?

Hinzu kommt, dass große Konzerne oft ganz unterschiedliche Sparten abdecken. Kaum jemand kann kontrollieren, ob eine kleine Tochtergesellschaft im In- oder Ausland (legal) für die Rüstungsindustrie arbeitet. Bei einem Konzern mit einem Milliardenumsatz ist diese Kontrolle für einen Privatanleger unmöglich. Sie müssen sich darauf verlassen, dass das Unternehmen das Thema »Ethik« von sich aus auf der eigenen Internetseite oder im Geschäftsbericht anspricht. Und dann müssen Sie hoffen, dass die Angaben des Unternehmens korrekt sind.

Einen Ausweg bieten theoretisch Unternehmen, die nur eine Geschäftssparte besitzen. Das können zum Beispiel Unternehmen sein, die alternative Energieformen herstellen. Allerdings bedeutet die Konzentration auf

In was soll ich investieren, wenn ich wenig Zeit für meine Investments habe?

151

ein einzelnes Geschäftsfeld auch, dass es keine Risikostreuung gibt. Denken Sie an die Solarunternehmen. Als der Staat die Förderregeln geändert hat und China den Markt mit Billigprodukten überschwemmt hat, mussten serienweise deutsche Solarunternehmen Insolvenz anmelden. Die Risikostreuung hat gefehlt. Die Bilanz an der Börse: Die Aktionäre haben 90 bis 100 Prozent des eingesetzten Kapitals verloren.

Fazit: Streichen Sie die größten »Ethiksünder« – dann ist schon viel erreicht

Im Börsenalltag wird es für Sie schwer sein, Unternehmen zu finden, die ein solides Geschäftsmodell besitzen und Ihre persönlichen Ethikregeln vollständig erfüllen. Sie können wahrscheinlich nur eine Negativauswahl vornehmen und die größten ethischen »Sünder« von Ihrer persönlichen Anlageliste streichen. Alternativ können Sie auf Fonds setzen, die nach ethischen Regeln investieren. Die Fondsmanager leiden allerdings ebenfalls unter den oben genannten Problemen.

In was soll ich investieren, wenn ich wenig Zeit für meine Investments habe?

Frage: Ich habe wenig Zeit und möchte den Aktienmarkt mit breiter Streuung abdecken. Meine Überlegung ist, einfach einen Indexfonds auf den Weltaktienindex MSCI World zu kaufen. Damit liege ich doch auf jeden Fall richtig, oder?

Antwort: Leider ist das nicht ganz so einfach, wie Sie das erhofft haben. Der Index MSCI World deckt die weltweit größten Börsenwerte ab. Eine Streuung nach Branchen oder Regionen gibt es dagegen nicht. Die reine Fixierung auf den Börsenwert führt dazu, dass der schwergewichtige US-Markt mit einem Indexanteil von fast 60 Prozent ganz klar dominiert. Die deutschen Aktien erreichen dagegen nur ein Indexgewicht von knapp 4 Prozent. Viele andere Länder sind erst gar nicht im Index vertreten. Die Streuung ist in diesem Index daher nicht optimal.

Unsere Empfehlung: Sorgen Sie selbst für bessere Streuung

Bauen Sie sich ein »Weltportfolio« zusammen, das eine bessere Risikostreuung aufweist. Sie können dazu entweder einen aktiv geführten Fonds auswählen, der weltweit die besten Aktien aussucht und dabei alle Märkte berücksichtigt. Oder Sie wählen 4 bis 6 passende Indexfonds aus und kombinieren diese zu einem »Weltportfolio«. Denkbar wäre zum Beispiel folgende Gewichtung: ETF S&P 500 (USA) mit 30 Prozent, ETF EuroStoxx50 (Eurostaaten) mit 20 Prozent, ETF Stoxx50 (Nichteuroländer wie Schweiz und Großbritannien) mit 20 Prozent, ETF Topix (Japan) mit 10 Prozent und einen ETF Emerging Markets (Wachstumsmärkte weltweit inklusive China, Indien etc.) mit 20 Prozent.

Krisen & Crashs

So groß die Gewinnchancen an der Börse sind: Verschließen Sie sich trotzdem nicht vor der Tatsache, dass es alle paar Jahre einmal zu Krisen, Crashs und Kursverlusten kommt. Gehen Sie realistisch mit diesen Aussichten um. Sie brauchen nicht in Panik zu geraten, wenn an den Börsen Ausverkaufsstimmung herrscht, denn das ist normal. Sie sollten allerdings auch die Augen nicht davor verschließen, dass die meisten Börseninvestments nun einmal ein Verlustrisiko mit sich bringen. Fragen und Antworten zu historischen Krisen und Crashs finden Sie in diesem Kapitel.

Was war die LTCM-Krise?

Frage: Ich habe kürzlich auf einem Vortrag von der LTCM-Krise gehört. Der Referent zog sie als Vergleich dafür heran, dass Computerprogramme für die Geldanlage nicht funktionieren. Worum ging es bei der LTCM-Krise genau?

Antwort: Bei der LTCM-Krise geht es um die Entwicklung eines Hedgefonds namens »Long-Term Capital Management« (LTCM), der traurige Berühmtheit erlangt hat: Mit einer unschlagbaren Anlagestrategie sollten Milliardengewinne erwirtschaftet werden. Das funktionierte auch. Allerdings nur bis zur ersten großen Krise. Dann versagte das System.

LTCM wurde im Jahr 1994 von einem ehemaligen Spitzenbanker gegründet. In seinem Team waren unter anderem auch zwei Nobelpreisträger der Wirtschaftswissenschaften. LTCM entwickelte eine Anlagestrategie, die lange Zeit als unschlagbar galt. Doch die zunächst positiven Entwicklungen führten dazu, dass die Beteiligten die Risiken unterschätzten. Mit einem sehr geringen Eigenkapital konnte der Hedgefonds mit riesigen Summen spekulieren – größtenteils auf Kredit. Sicherheiten wurden kaum verlangt. So konnte der Fonds 1,25 Billionen US-Dollar bewegen.

Die Erfolgsserie von LTCM wurde im Jahr 1998 durch die Russlandkrise beendet. Das System funktionierte nicht mehr. Denn die LTCM-Modelle passten nur auf rational agierende Märkte. Doch entwickelten sich die Märkte damals alles andere als erwartet. Nur in letzter Sekunde konnte ein Finanzchaos mithilfe eines Rettungspakets verhindert werden.

Wie ist die Dotcom-Blase entstanden und warum ist sie geplatzt?

Frage: Wie ist die Dotcom-Blase entstanden und warum ist sie geplatzt?

Antwort: Die Dotcom-Blase war ein wahrer Rausch, in den institutionelle Investoren genauso verfielen wie private Anleger. Schon damals war Geld billig zu haben. Das heißt: Man konnte es sich für geringe Kreditzinsen leihen. Wer allerdings bei seiner Bank Geld anlegte, erhielt kaum Zinsen dafür. Kein Wunder, dass sich die Anleger dies und jenseits des Atlantiks nach lukrativeren Geldanlagemöglichkeiten umsahen. Es herrschte Aufbruchsstimmung, vor allem bei Unternehmen der »New Economy«. Unzählige Internetfirmen versprachen beste Gewinne – und auch traditionelle Unternehmen aus dem IT-Bereich (etwa die Deutsche Telekom) verbreiteten das Märchen von überdurchschnittlichen Gewinnen.

Wie verrückt kauften Anleger in Deutschland Aktien des Neuen Marktes. Und tatsächlich stiegen nachfragebedingt die Kurse auch von Firmen, bei denen überhaupt nicht absehbar war, ob deren Geschäftsmodell funktionieren und sie je Gewinne machen würden. Angeheizt wurde die Kaufeuphorie noch von den Medien, die immer neue Stars am IT-Himmel als die Gewinnbringer von morgen ankündigten. Das brachte auch viele Privatanleger in Deutschland dazu, erstmals Aktien zu kaufen – und prompt erlitten sie Schiffbruch.

Im Jahr 2000 wurde den Anlegern immer mehr bewusst, dass den großen Gewinnversprechen keine echten Gewinne folgten. Prompt zeigte sich, wie flüchtig Kursgewinne sein können, wenn sie nicht von tatsächlichen Unternehmenserfolgen gestützt werden. Einen beispiellosen Absturz vollzog die Aktie der Deutschen Telekom. Ihr Höchststand hatte im Jahr 2000 bei 104,90 Euro gelegen. Heute dümpelt sie meistens zwischen 8 und 12 Euro herum, also bei rund einem Zehntel. Die Dotcom-Blase ist ein Paradebeispiel für eine Spekulationsblase.

Lehren, die Sie aus der Dotcom-Blase ziehen sollten

- Kaufen Sie nur Aktien von Unternehmen, deren Geschäftsmodell auch funktioniert, sprich Gewinne bringt.

- Glauben Sie nicht unkritisch alles, was die Medien berichten. Denn auch diese sind nicht gefeit vor Fehleinschätzungen.

- Hüten Sie sich vor allzu großer Gier ebenso wie vor allzu großer Angst. Wenn die Masse in einen Kaufrausch verfällt, seien Sie vorsichtig. Wenn sie in Panik alles verkauft, dann könnte das ein guter Einstiegszeitpunkt in solide Aktien sein.

- Vorsicht bei Trends und Anlegermoden. Was die breite Masse für gewinnträchtig erklärt (z. B. IT-Aktien), muss auf die Dauer noch lange nicht rentabel sein.

Wie kam es zur Finanzkrise 2008 / 2009?

Frage: Wie kam es zur Finanzkrise, die ab Herbst 2008 zu massiven Kursstürzen führte?

Antwort: Grundlage war zunächst ein politisches Ziel, das noch in der Clinton-Ära verfolgt wurde. Die Banken wurden angehalten, auch ärmeren Menschen Kredite zu geben für den Bau oder Kauf eines Eigenheims. Dabei war den Banken durchaus bewusst, dass die Rückzahlung dieser Kredite gefährdet war. Sie hießen deshalb »Subprime Mortgages« (also minderwertige Hypothekenkredite). Immerhin aber waren die Kredite besichert mit dem Wert der jeweils davon gekauften Häuser. Alles ging gut, solange die Immobilienpreise in den USA stiegen und stiegen. Und das taten sie zunächst, weil immer mehr Menschen ein Eigenheim haben wollten.

Die kreditgebenden Hypothekenbanken aber beließen diese Kredite nicht in ihren eigenen Büchern. Ihre Kredite wurden zu Bündeln zusammengefasst und scheibchenweise an den Kapitalmärkten verkauft. Die schlechtesten dieser Kredite hießen dabei »Subprime Bonds«, also »minderwertige Anleihen«. Gekauft wurden solche Anleihen vor allem von Investment- und Geschäftsbanken. Sie alle gingen davon aus, dass solche Bonds überdurchschnittlich verzinst und trotzdem sehr sicher waren. Zudem war das Kreditrisiko ja mit wahren Sachwerten, nämlich den Immobilien unterlegt. Es handelte sich also um »Asset-backed Securities« sprich um forderungsbesicherte Wertpapiere. Sollte der Kredit ausfallen, gab es immer noch die Immobilien, die verkauft werden konnten.

In Sachen Sicherheit hatten die Banken, die solche Bonds auf den Markt brachten, aber auch noch zu einem anderen Trick gegriffen. Verkauft wurden nicht nur die »Subprime Bonds« selbst, sondern auch noch Kreditausfallversicherungen (Credit Default Swaps, abgekürzt CDS) dafür. Falls also bei einem Subprime Bond die Rückzahlung ausfiel, sollte der Inhaber aus einer solchen Kreditausfallversicherung bedient werden. Auch diese Kreditausfallversicherungen wurden irgendwie gebündelt und scheibchenweise auf den Kapitalmärkten der Welt verkauft. Solche CDS gehörten über Jahre zu den am schnellsten wachsenden Finanzinstrumenten.

Der vorläufige Höhepunkt wurde im Boom-Jahr 2007 erreicht. Der Nominalwert der CDS lag damals bei rund 60 Billionen US-Dollar, wobei einige Schätzungen noch einmal deutlich höher liegen. Zum Vergleich und zur Einordnung dieser gigantischen Zahl: Das weltweite Bruttoinlandsprodukt lag in diesen Jahren deutlich tiefer bei etwa 50 Billionen US-Dollar.

Doch dieser Erfolg wurde im Herbst des Jahres 2008 abrupt beendet. Die US-Investmentbank Lehman Brothers hatte sich verspekuliert und ging pleite. Schnell stellte sich heraus, wie wackelig die ganze Konstruktion war. Die CDS waren dabei sogar nur eine »Bombe« in den Bilanzen der Banken. Keiner konnte einschätzen, wie groß das Risiko für die jeweilige Bank war. Folglich stockte auch der Geldverleih unter den Banken – wer leiht schon Geld an jemanden, der morgen pleite sein kann. Dass diese Krise auch die Aktienkurse weltweit in Mitleidenschaft zog, war nicht weiter verwunderlich.

Ist die aktuelle Krise die schwerste, die es je gab? Und falls ja – welche Konsequenzen sind daraus zu ziehen?

Frage: Einige Analysten sprechen von der schwersten Wirtschaftskrise in der Nachkriegsphase. Sehen Sie das ähnlich und welche Schlussfolgerungen sollte man daraus bei der persönlichen Geldanlage ziehen?

Antwort: Es ist schwierig zu beantworten, ob die aktuelle Krise größer ist als die vergangenen Krisen und daher Aktien neu und kritischer bewertet werden müssen. Ich persönlich (Rolf Morrien) habe vor über 20 Jahren meine ersten Aktien gekauft und kann sagen: Wenn ich mich an den Nachrichten orientiert hätte, hätte ich nie Aktien kaufen dürfen. Ich denke dabei an die Asienkrise, Russlandkrise, an das Platzen der Neuen-Markt-Blase, an die Golfkriege, an die Terroranschläge (New York, London, Madrid), die US-Immobilienkrise, an mehrere Bankenkrisen … Nach der Tagesschau hatte ich in den vergangenen 20 Jahren nie Lust, ausgerechnet jetzt Aktien zu kaufen.

Wenn Sie noch weiter in die Vergangenheit blicken – und da bin ich von den Aussagen älterer Analysten abhängig –, gab es noch schlechtere Zeiten. Immer wieder tauchen in den Gesprächen die 70er-Jahre auf. Auch damals gab es eine schwere Währungskrise. Von 1944 bis Anfang der 70er-Jahre galt das Währungssystem von Bretton Woods. Der US-Dollar hatte einen festen Kurs zum Goldpreis und die anderen Währungen orientierten sich an der Leitwährung. Doch dieses Währungssystem platzte vor 40 Jahren und wurde 1973 offiziell beerdigt. Das Ende des Goldstandards führte dazu, dass viele Menschen dem neuen, reinen Papiergeldsystem misstrauten. Dieses Misstrauen wird bestätigt, wenn Sie den Wertverfall des US-Dollar betrachten (aber auch D-Mark und Euro haben schwer gelitten).

Die Frage, ob der Kapitalismus als wirtschaftliches Leitmotiv überleben kann, wurde vor 40 Jahren (wie auch heute) heiß diskutiert. Im Jahr 1972 hat der »Club of Rome« den legendären Bericht »Grenzen des Wachstums« veröffentlicht. Unser gesamtes Wirtschaftssystem, das auf Wachstum basiert, wurde in Frage gestellt. Passend dazu folgte nur wenige Monate später die erste Ölkrise, die durch den Jom-Kippur-Krieg im Nahen Osten ausgelöst wurde.

Akzeptieren Sie Krisen als etwas ganz Normales

Wer heute aufgrund der Krisen nicht schlafen kann, hätte in den 70er-Jahren keine ruhige Minute erlebt. Auch bei der Geldanlage müssen wir akzeptieren, dass wir in einer Welt voller Krisen leben und auch zukünftig immer leben werden. Wir können nur versuchen, unser Geld so zu streuen, dass wir möglichst vielen Krisen ausweichen können. Die Lektüre dieses Buches soll Ihnen dabei helfen, sicher durch die Krisen zu steuern.

Ist ein Aktienkauf trotz Euro-Schuldenkrise ratsam?

Frage: Ich habe ein Problem: Ich möchte Geld anlegen, habe jedoch Angst, dass mir die Schuldenkrise einen Strich durch die Rechnung macht. Kann ich es riskieren, trotz Schuldenkrise Aktien zu kaufen?

Antwort: Bevor ich im zweiten Teil der Antwort auf den Aktienmarkt eingehe, muss ich vorher etwas weiter ausholen. Eine große Frage lautet in diesen Tagen in der Tat: Wie soll die Schuldenkrise gelöst werden? Da gibt es – zumindest theoretisch – mehrere Möglichkeiten.

Starkes Wirtschaftswachstum

Die eleganteste Lösung wäre ein starkes Wirtschaftswachstum. Läuft der Konjunkturmotor auf Hochtouren, steigen die Steuereinnahmen und sinken die staatlichen Pflichtausgaben. Selbst wenn der Schuldenberg in einer Wachstumsphase konstant bleibt, sinkt die Schuldenquote. Denn: Der Schuldenberg wird mit der Wirtschaftsleistung einer Volkswirtschaft verglichen. Wenn der Schuldenstand konstant bleibt, gleichzeitig aber die Wirtschaft wächst, sinkt die Schuldenquote. Es ist also kein Schuldenabbau notwendig, um die Schuldenquote wieder unter die ursprünglich im Euroraum vereinbarte Obergrenze von 60 Prozent zu drücken (aktuell liegt der Wert in Deutschland bei rund 80 Prozent). Da die deutsche Wirtschaft in absehbarer Zeit nur im niedrigen einstelligen Prozentbereich wächst, ist jedoch von dieser Seite keine Entspannung der Schuldenkrise zu erwarten.

Schuldenschnitt

Denkbar ist theoretisch auch ein Schuldenschnitt. Die Besitzer der Staatsanleihen werden enteignet, indem ihnen das Geld einfach nicht zurückgezahlt wird, das sie durch den Kauf der Staatsanleihen an die Staaten verliehen haben. Auch so kann ein Staat das Schuldenproblem »lösen«. In den vergangenen Jahren gab es zwei bekannte Beispiele. Der erste prominente Fall war Argentinien. Der zweite Fall betraf sogar ein EU-Mitglied. Besitzer von griechischen Staatsanleihen wurden ebenfalls enteignet. Der Schuldenschnitt brachte jedoch nicht einmal den erhofften Befreiungsschlag. Ich halte einen zweiten Schuldenschnitt für sehr wahrscheinlich. Ein kleiner EU-Staat wie Griechenland kommt mit dieser Strategie durch, bei den EU-Schwergewichten wie Deutschland, Frankreich oder Italien ist das jedoch keine Handlungsoption. Wenn keine andere Alternative in Sicht ist, würde die Währungsunion vorher aufgelöst.

Geldentwertung

Es bleibt eine dritte Option: die Geldentwertung. Das ist die sanfte Art der Enteignung. Die Schulden werden weginflationiert. Regierungen und Notenbanken müssen dafür an zwei Stellschrauben drehen:

- Zum einen müssen die Zinsen unter die Inflationsrate gedrückt werden. Diesen Trend können Sie seit Ausbruch der Krise beobachten. In den USA liegt der Leitzins in der Bandbreite von 0,00 bis 0,25 Prozent und soll dort bis mindestens Mitte 2015 bleiben. Die Europäische Zentralbank (EZB) ist noch nicht ganz so weit, aber auch bei uns wurde die 1-Prozent-Marke deutlich unterschritten. Damit hat die EZB die Null-Zins-Politik fast verwirklicht.
- Zum zweiten müssen die Regierungen dafür sorgen, dass die großen Investoren in der Zinsfalle gefangen bleiben. Reformen wie Basel III und Solvency II sorgen dafür, dass Versicherungen und Banken große Teile des Anlagekapitals trotz der Null-Zins-Politik in Staatsanleihen investieren (müssen). Liegt das Zinsniveau über mehrere Jahre unterhalb der Inflationsrate, sinkt ebenfalls die Schuldenquote.

Wie drastisch die Folgen für Sparer sind, lässt sich leicht errechnen. Bei einem Zinssatz von 0 Prozent und einer moderaten Inflation von 3 Prozent pro Jahr, erleiden Sparer nach 20 Jahren einen Kaufkraftverlust von über 50 Prozent. Das bedeutet: Das Geld liegt noch auf dem Konto, aber der Sparer kann dafür viel weniger Waren und Dienstleistungen erwerben als heute. Diese Alternative, die staatliche Schuldenlast auf Kosten der Sparer und Anleger zu senken, ist das wahrscheinlichste Szenario zur »Lösung« der Euro-Schuldenkrise.

Aktienkauf schützt vor Inflation

Daher lautet meine Empfehlung: Kaufen Sie nicht Aktien *trotz* der Schulden-krise, sondern *aufgrund* der Schuldenkrise! Meiden Sie dagegen Sparformen, die Renditen unterhalb der Inflationsrate abwerfen. Sie haben als Privatanleger die Wahlfreiheit. Selbst »langweilige« und pflegeleichte Dividendenwerte wie Nestlé oder British American Tobacco bieten Ihnen dank der aktuell hohen Ausschüttungen und relativ geringen Kursschwankungen einen Ausweg aus der finanziellen Repression. Nicht nur die guten Renditen schützen Sie im Falle eines Falles vor einer Inflation – sondern auch die Tatsache, dass Aktien Sach-werte sind, deren Kurs bei einer schwindenden Kaufkraft des Euro ganz einfach steigt.

Wertpapiere in Euro oder US-Dollar – was ist besser?

Frage: Bevorzugen Sie an der Börse Anlagen, die in Euro oder die in US-Dollar notieren? Oder würden Sie eine dritte Variante bevorzugen?

Antwort: Der US-Dollar ist weltweit die Leitwährung. Die Gründe, wa-rum der US-Dollar diese Position innehat, sind vielschichtig. Eine Rolle spielen dabei Tradition, militärische Stärke, größte Volkswirtschaft und die leichte Handelbarkeit. Eine Begründung werden Sie aber praktisch nie finden: die fundamentale Stärke des US-Dollar. Das ist auch kein Wunder, da das Fundament mehr als brüchig ist.

Im Jahr 2013 wurde wieder eine runde Marke erreicht. Die Staatsver-schuldung der USA hat die Marke von 16 Billionen US-Dollar über-schritten. Diese Zahl ist so unfassbar groß, dass man sie in Relation zu anderen Größen setzen muss, um sie interpretieren zu können. Die Staatsverschuldung der USA ist größer als die nationale Wirtschafts-leistung (BIP). Gemessen am BIP beträgt die Schuldenquote über 100 Prozent. Damit liegen die USA auf einer Linie mit vielen EU-Krisen-staaten.

Historisch betrachtet wurde der US-Dollar immer schwächer

Die Schwäche des US-Dollar begann vor rund 40 Jahren. Anfang der 70er-Jahre wurde das Währungssystem von Bretton Woods mit dem Goldstandard aufgehoben. Damit war es plötzlich nicht mehr möglich, jeden US-Dollar gegen eine feste Menge Gold bei der US-Notenbank einzutauschen. Der zweite große Abwärtsschub begann Mitte der 80er-Jahre, als die US-Regierung unter Präsident Ronald Reagan eine Abwertungspolitik durchsetzte. Der schwache US-Dollar sollte den Export ankurbeln und die US-Wirtschaft wettbewerbsfähiger machen. Seit dieser Zeit kann der US-Dollar als Weichwährung bezeichnet werden.

Auch der Euro wird schwächer und schwächer

Die (Währungs-)Geschichte wiederholt sich. Jetzt aber in Europa. Die Anhänger einer harten Währung sind innerhalb der Europäischen Zentralbank (EZB) isoliert. Bei der Abstimmung darüber, ob die EZB zukünftig ohne Limit kurzlaufende Staatsanleihen kaufen soll, hat nur die Deutsche Bundesbank gegen diesen Plan gestimmt. Kommentar des EZB-Präsidenten Mario Draghi nach der Abstimmung: »Der Euro ist unumkehrbar.«

Was das übersetzt bedeutet, hat David Woo, Währungsexperte bei der Bank of America, schon einen Monat vorher veröffentlicht: »Die Währungsunion hat die Wahl zwischen einem sehr viel schwächeren Euro und dem Zerfall.« Da die EZB das Ende des Eurosystems strikt ablehnt, bleibt nur die zweite Variante: Der Euro wird zur Weichwährung. Verliert der Euro gegenüber den internationalen Hartwährungen rund 20 Prozent, dürften Länder wie Italien, Spanien oder Portugal wieder halbwegs wettbewerbsfähig sein.

Investments in Schweizer Franken und andere Hartwährungen – wie geht das?

163

Abwertungswettlauf zwischen US-Dollar, Euro und Yen

Mit den USA, der EU und neuerdings auch Japan liefern sich jetzt drei der weltweit größten Wirtschaftsregionen einen Abwertungswettlauf. Das bedeutet nicht, dass Sie Euro-, US-Dollar- und Yen-Investments zukünftig ganz meiden sollten. Die Unternehmen (und damit die Aktien) aus diesen Wirtschaftsregionen können von der Abwertungspolitik sogar profitieren. Wichtig ist aber, dass Sie als Absicherung auch Hartwährungsinvestments und Gold in Ihrem Depot haben.

Investments in Schweizer Franken und andere Hartwährungen – wie geht das?

Frage: Angesichts der Eurokrise möchte ich auf harte Währungen ausweichen. Wie geht das konkret?

Antwort: Wie das »Währungsexperiment« Euro ausgeht, ist aktuell noch völlig offen. So muss ein Scheitern der Eurozone nicht zwangsläufig eine Rückkehr zu den nationalen Währungen bedeuten. Denkbar ist auch eine Flucht nach vorne: Die Einführung des »Globo«. Diese »Weltwährung« wäre ein Währungskorb aus US-Dollar, Euro, Yen und (in einigen Jahren) der chinesischen Währung Renminbi. Aber das ist Zukunftsmusik.

Hartwährungen: als Beimischung sinnvoll

Wichtig ist, dass Sie sich frühzeitig vor der möglichen Talfahrt der Weichwährungen schützen. Das ist möglich, denn es gibt trotz der globalen Krisen noch immer Länder mit relativ stabilen Währungen. Diese Hartwährungen (z. B. Schweizer Franken, norwegische Krone) sollten Sie in Ihrem Depot als Beimischung abdecken.

Sie werden sich jetzt vielleicht fragen, warum wir diese Hartwährungen im Depot nur als Beimischung empfehlen und nicht mit einer Gewichtung von 50 oder 100 Prozent. Dafür gibt es zwei gute Gründe: Zum einen empfehlen wir stets eine Risikostreuung. Eine einseitige Konzentration auf Hartwährungsländer wie Norwegen, Australien, die Schweiz oder Singapur wäre zu riskant. Zum anderen haben harte Währungen auch negative Auswirkungen auf die Wirtschaft eines Landes. Leicht überspitzt könnte man sagen: Länder mit (zu) harten Währungen schwächen ihren Export und schneiden sich damit ins eigene Fleisch. Außerdem ziehen Hartwährungsländer (zu) viel internationales Kapital an. Daher kann es zum Beispiel leicht zu Preisübertreibungen am heimischen Immobilienmarkt kommen.

Daher bleiben wir bei der Empfehlung: Mit einem Hartwährungsanteil von 20 bis 30 Prozent schützen Sie Ihr Depot und kontrollieren gleichzeitig die Risiken.

Lieber in Aktien investieren als in Fremdwährungskonten oder Banknoten

Theoretisch haben Sie drei Möglichkeiten, in Hartwährungen zu investieren:

- **Kauf von Banknoten:** Der einfachste Weg ist nicht immer die beste Lösung. Das gilt auch für Investitionen in Hartwährungen. Natürlich könnten Sie einfach zu Ihrer Hausbank gehen und dort australische Dollar, norwegische Kronen oder Schweizer Franken kaufen. Im Regelfall werden Sie aber ungünstige Umtauschkurse erhalten und hohe Gebühren zahlen. Ihre Fremdwährungen werfen auch keine Zinsen oder Dividenden ab. Daher bietet sich dieser Weg, in Hartwährungen zu investieren, nur dann an, wenn Sie einen kleinen »Notgroschen« zu Hause in greifbarer Nähe haben möchten.
- **Fremdwährungskonten:** Die Banken haben den Trend erkannt und kassieren bei den beliebten Fremdwährungskonten kräftig ab. Üblich

sind monatliche Kontogebühren oder der verdeckte Weg, indem Ihnen die Bank einfach die Zinserträge nicht gutschreibt. Außerdem gilt: Sollte die Krise eskalieren und es doch noch zum großen Bankencrash kommen, ist das Geld auf den Fremdwährungskonten unter Umständen verloren. Denn Fremdwährungskonten sind von der gesetzlichen Einlagensicherung nicht erfasst. Lediglich wenn die jeweilige Bank eine freiwillige Mehrabsicherung leistet, ist Ihr Geld bei einer Pleite geschützt.

- **Börseninvestments aus Hartwährungsländern:** Investieren Sie in Aktien, Aktienfonds, Anleihen oder Rentenfonds aus Hartwährungsländern. So lautet unsere Empfehlung. Diese Investments können Sie einfach und günstig über die Börse handeln. Aktien und Aktienfonds bieten zusätzlich den Vorteil, dass sie als Sachwerte fast automatisch einen Inflationsschutz eingebaut haben.

Fremdwährungsaktien – ein Schutz gegen die Eurokrise, auch wenn ich sie in Deutschland kaufe und lagere?

Frage: Ich bin ein privater Kleinanleger und möchte im Falle eines Euro-Zusammenbruchs einen Teil meiner Ersparnisse vom Euro unabhängig anlegen. Daher möchte ich eine Fremdwährungsaktie kaufen, z. B. eine Aktie, die auf norwegische Kronen lautet. Meine Bank hat mir erklärt, dass ich zwar eine ausländische Aktie hier in Deutschland kaufen kann, dass die Aktie aber in meinem Depot dann nur in Euro gebucht wird. Bietet diese Aktie dann überhaupt den gewünschten Schutz?

Antwort: Sie können Aktien eines norwegischen Unternehmens (zum Beispiel Statoil) einfach und spesengünstig über deutsche Börsen ordern und in einem Depot bei einer heimischen Bank aufbewahren. Bedenken in Bezug auf die Sicherheit des Euro brauchen Sie dabei nicht zu haben. Sollte der Euro zerbrechen, würde Ihnen die Auslandsaktie trotzdem einen ausreichenden Schutz bieten. Denn der Kurs dieser Aktie in Deutschland orientiert sich am liquiden Heimatmarkt (Oslo).

Hier eine vereinfachte Musterrechnung mit fiktiven Zahlen

Angenommen, der Wechselkurs läge bei 1 norwegischen Krone (NOK) für 1 Euro. Dann erhielten Sie bei einem Aktienkurs von 10 NOK in Frankfurt für Ihre Aktie 10 Euro. Nehmen wir weiterhin an, der Euro bricht ein und verliert gegenüber der norwegischen Krone 50 Prozent. Der neue Wechselkurs läge somit bei 2 Euro für 1 norwegische Krone. Dann würden Sie für Ihre Aktie im Wert von 10 NOK in Frankfurt 20 Euro erhalten.

Der Kurs der Auslandsaktie orientiert sich immer am Kursniveau der Heimatbörse. Wenn das nicht so wäre, könnte ein Investor die Auslandsaktie günstig in Deutschland für »billige« Euro kaufen und anschließend deutlich teurer über eine Börse in Norwegen verkaufen.

Selbst bei einem Szenario, bei dem der Euro auf 0 fiele und durch die Währung D-Mark (neu) ersetzt würde, stünden Sie nicht mit leeren Händen da. Dann würde die Auslandsaktie in Frankfurt in DM notieren. Wertmäßig würde sie sich aber weiterhin am NOK-Kurs in Oslo orientieren. Sie würden den entsprechenden DM-Betrag gemäß dem aktuellen Umtauschkurs zwischen DM und NOK erhalten. Auch das wäre also kein Problem für Sie.

Euro-Verlierer Deutschland: Sollte ich deutsche Aktien deshalb besser meiden?

Frage: Deutschland leidet stärker als alle anderen EU-Staaten unter dem Euro. Sollte man daher deutsche Aktien an der Börse meiden?

Antwort: Zur Beantwortung dieser Frage müssen wir thematisch etwas ausholen: Gegner und Unterstützer des Euro feuern mit schweren Ge-

Euro-Verlierer Deutschland: Sollte ich deutsche Aktien deshalb besser meiden?

167

schützen. Die Euro-Gegner, die in der Gründungsphase der Währungs-union oft fundiert gekämpft haben, wurden in den vergangenen Jahren zermürbt. Niemand hat auf ihre Argumente gehört. Mit der Zeit wurde aus der sachlichen Kritik blanker Euro-Hass. Es geht nicht mehr um eine stabile Währung für die Zukunft, sondern nur noch um die schnellstmög-liche Abschaffung des Euro unabhängig von den Folgen.

Umgekehrt verlieren auch die Euro-Unterstützer jegliches Maß. Zum Teil wird so getan, als ob die gemeinsame Währung über Krieg und Frie-den entscheidet. Im Gegenteil: Einige Länderbeziehungen würden sich nach unserer Einschätzung deutlich entspannen, wenn es keine gemein-same Währung geben würde.

Währungen sind nicht für die Ewigkeit gemacht

Währungen und erst recht Währungsgemeinschaften haben immer ei-ne begrenzte Haltbarkeit. Als Gegenargument wird oft die US-Währung Dollar genannt. Die habe doch Jahrhunderte überdauert. Dieses Beispiel erweist sich allerdings als nicht stichhaltig, wenn wir uns die amerikani-sche Währung genauer anschauen: Bis Anfang der 70er-Jahre war der Dollar eine Währung mit Golddeckung. Erst seit rund 40 Jahren ist der US-Dollar eine ungedeckte Papierwährung. Und seit dieser Zeit verfällt der innere Wert der Währung. Weitere 40 Jahre wird der US-Dollar in der jetzigen Form nicht überleben. Und was kommt danach in den USA und auch in Europa? Währungsreformen lösen oft einen kurzen Schock aus, sind jedoch kein Weltuntergang. Unsere Wirtschaftsordnung sorgt dafür, dass es immer wieder Veränderungen gibt.

Wie wahrscheinlich ist ein Ende des Euro?

Unsere persönliche Einschätzung lautet: Der Euro ist noch nicht am Ende. Wenn der Euro aufgelöst wird, muss auch die Europäische Zen-tralbank (EZB) aufgelöst werden. Die EZB ist eine Behörde mit über

1.000 Mitarbeitern. Kennen Sie eine Behörde, die sich freiwillig selbst abgeschafft hat? Eskaliert die Eurokrise, hat die EZB zwei Alternativen: Es kann zur Auflösung der Währungsunion kommen (= Ende der EZB), oder die EZB dreht den Geldhahn auf und pumpt noch eine Billion Euro in das System und erkauft sich so neue Zeit (wie zuletzt Ende 2011 und Anfang 2012 geschehen). Die EZB wird erst dann das Euro-Projekt beenden, wenn die überwältigende politische Mehrheit innerhalb der EU das fordert. Wir sind daher fest überzeugt, dass wir noch einige Jahre mit dem Euro bezahlen werden und die Gemeinschaftswährung eine neue Chance erhält.

Deutschland nur als »Euro-Zahlmeister« zu sehen, ist zu einseitig

Jetzt zur ursprünglichen Frage: Deutschland ist nicht nur »Euro-Zahlmeister«, sondern profitiert auch von der Gemeinschaftswährung und den Folgeerscheinungen. Offensichtlich ist, dass die Exportunternehmen ihre Waren mit weniger Kosten handeln können. Umtauschkosten, aber auch die unseligen Währungsabsicherungsgeschäfte, die früher regelmäßig die Jahresergebnisse belastet haben, fallen weg.

Hinzu kommt, dass die Schuldenkrise für eine gewaltige Abwertungswelle gesorgt hat. Vor der Krise mussten die Schweizer 1,5 Franken für 1 Euro zahlen. Im Jahr 2011 lag das Verhältnis fast bei 1:1 (aktuell wird der Franken künstlich durch die Schweizer Notenbank nach unten gedrückt). Da Deutschland und die Schweiz Parallelen aufweisen, müssen wir davon ausgehen, dass die D-Mark schlagartig um mindestens 30 Prozent aufwerten würde. Das würde kurzfristig einen Schock in der deutschen Exportwirtschaft auslösen. Im Gegenzug könnte Deutschland Waren und Rohstoffe günstiger importieren, aber das würde die negativen Folgen nicht vollständig ausgleichen.

Deutsche Aktien brauchen Sie nicht zu meiden

Wir müssen die Währung zwar genau beobachten, aber daraus lässt sich nicht ableiten, dass man Aktien aus Deutschland oder dem Eurogebiet pauschal meiden sollte. Im Gegenteil: Was im Falle einer Währungsreform mit Sparguthaben, Anleihen und Bargeld passiert (Umtauschverhältnis) ist unklar. Der Wert eines börsennotierten Unternehmens wird sich dagegen schnell an die neue Währung anpassen. Erfahrungsgemäß übersteht man mit Sachwerten wie Aktien und Immobilien eine Währungsreform besser als mit Geldvermögen.

Geld kurzfristig parken – die richtige Strategie angesichts der Eurokrise?

Frage: Angesichts der Schulden- und Eurokrise habe ich einen Großteil meines Vermögens kurzfristig bei meiner Bank geparkt, um auf diese Weise schnell und flexibel reagieren zu können. Ist das aus Ihrer Sicht die richtige Antwort auf die aktuelle Krise?

Antwort: Die perfekte Geldanlage gibt es in dieser Krise leider nicht. Allerdings sind wir keine Freunde davon, mit einer sehr hohen Cashquote auf Besserung zu warten. Die große Mehrheit der Anleger sieht das jedoch anders. Es klingt paradox, aber die Mehrheit der Sparer entscheidet sich gegen mögliche Gewinne und für sichere Verluste. So lässt sich eine Studie der Postbank aus dem Jahr 2013 zusammenfassen. Demnach haben die deutschen Sparer 1,75 Billionen Euro bei Banken liegen. Das Geld wird als Sicht-, Termin- oder Spareinlage angelegt, also auf Bankkonten. Der gemeinsame Nenner all dieser Konten: Die Guthabenzinsen liegen unter der Inflationsrate. Auf dem Papier vermehrt sich das Guthaben, doch nach Abzug der Inflation bleibt ein Minus übrig. Das heißt: Nach 12 Monaten können die Sparer für ihre Spareinlagen weniger Waren und Dienstleistungen kaufen als im Vorjahr. Das ist eine schleichende Enteignung.

Inflation vernichtet pro Jahr zweistellige Milliardenbeträge

Die geringe Differenz zwischen Sparzins und Inflationsrate sieht optisch harmlos aus. Aber die Masse entscheidet: Unter dem Strich verlieren die deutschen Sparer einen zweistelligen Milliardenbetrag pro Jahr. Und dabei sind die Annahmen der Postbank aus unserer Sicht sogar zu optimistisch. Denn die Studie berücksichtigt nur die offiziellen Inflationszahlen. Die »echte« Inflationsrate liegt deutlich höher. Die Messmethoden der Inflation werden immer wieder überarbeitet. Und »zufällig« wirken die Reformen praktisch immer wie ein Inflationsdämpfer. So gibt es für die USA Berechnungen, dass die Inflationsrate aktuell rund doppelt so hoch wäre, wenn die Statistik noch wie vor 20 Jahren erstellt würde.

Es stellt sich die Frage: Warum verschenken die Sparer Jahr für Jahr zweistellige Milliardenbeträge? Dafür gibt es mehrere Gründe. Einen Effekt habe ich bereits erwähnt. Auf dem Papier wächst das Vermögen. Selbst Minizinsen von 1 Prozent pro Jahr sorgen dafür, dass nach 12 Monaten aus 10.000 immerhin 10.100 Euro werden (abzüglich der Steuern). Dieses Wachstum des Geldvermögens sorgt für ein gutes Gefühl. Hinzu kommt, dass Bankguthaben keinen Schwankungen unterworfen sind. Es gibt keine Sparbuch-Charts, die – wie am Aktienmarkt – nervös eine Achterbahnfahrt anzeigen und immer wieder von Kursstürzen gekennzeichnet sind. Für diese Ruhe sind Sparer bereit, einen hohen Preis zu zahlen.

Ein ganz wichtiger Aspekt ist auch die Angst. Wenn ein Anleger einmal Geld mit einer Anlageklasse verloren hat, wird diese anschließend gemieden und ignoriert. Da viele Anleger in den Crash-Phasen 2000 bis 2003 und 2007/2008 mit Aktien Geld verloren haben, fallen hier Aktien als Anlagealternative aus. Dabei bringen Aktien langfristig rund 8 Prozent Rendite und schlagen jede andere Sparform.

Wie stark die Formel »einmal Verluste, immer Verluste« in den Köpfen verankert ist, zeigt ein Experiment aus den USA. Im Jahr 2010 wurden 1.000 finanzinteressierte Bürger gefragt, wie der bekannte US-Aktienindex S&P 500 im Vorjahr (2009) abgeschnitten hat. 66 Prozent der Befragten gaben an, dass die Kurse gefallen seien. Dabei gewann der S&P 500 im Jahr 2009 üppige 26,5 Prozent. Da aber 2008 ein schlechtes Aktienjahr war, haben die Aktienaussteiger die anschließende Erholung vollkommen verdrängt und wollten nicht mehr an das Thema Aktien erinnert werden. Die »Kopf-in-den-Sand-Strategie« bringt aber nichts außer verpassten Gewinnen. Dividendenstarke Aktien sind und bleiben ein wichtiger Baustein in der persönlichen Vermögensplanung.

Das bedeutet aber natürlich nicht, dass Sie Ihre Cashquote auf 0 Prozent senken sollten. 10 bis 30 Prozent Ihrer Ersparnisse können Sie als »Notgroschen« auf ein Tagesgeldkonto legen. Den Rest aber sollten Sie an der Börse anlegen oder in eine selbstgenutzte Immobilie investieren.

Risikomanagement & Verlustbegrenzung

Börsenkurse steigen zwar oft, aber nicht immer. Umso wichtiger ist es, sich zu überlegen, wie Sie mit Verlusten umgehen und diese möglicherweise begrenzen können. Um dieses Thema geht es in diesem Kapitel.

Was passiert bei einer Bankenpleite mit meinen Konten und Wertpapieren?

Frage: Was passiert mit meinen Spareinlagen und mit meinen Aktien, wenn meine Bank Konkurs anmelden muss?

Antwort: Je nach Anlageform hat eine Bankenpleite unterschiedliche Folgen für Sie. Hier einige Beispiele:

* Ihre Tages-, Giro- und Festgeldkonten sowie Sparbücher sind durch die gesetzliche Einlagensicherung bis mindestens 100.000 Euro abgedeckt. Im Fall einer einzelnen Bankenpleite dürfte dieses Absicherungssystem auch halten. Kommt es zu einem größeren Bankensterben mit mehreren großen Pleiten, halten wir es allerdings für sehr unwahrscheinlich, dass der Schutzschirm vollständig hält.
* Ihr Aktien- und Fondsdepot geht nicht in die Insolvenzmasse der Bank ein, weil die Bank Ihre Wertpapiere nur treuhänderisch verwaltet. Ihre Wertpapiere werden im Pleitefall auf eine neue Depotbank übertragen. In diesem Fall kann es passieren, dass Sie kurzfristig nicht über Ihre Aktien und Fonds verfügen können, aber ein finanzieller

Verlust ist nicht zu erwarten. Ihre Aktien und Fonds bleiben unangetastet.

• Falls Sie Aktien oder Anleihen der Pleitebank besitzen, werden diese Wertpapiere nahezu wertlos. Das gilt für jeden Pleitefall (auch außerhalb der Bankenbranche).

Was sind Stop-Loss-Marken und wie setze ich sie?

Frage: Was sind Stop-Loss-Marken und wie werden sie gesetzt?

Antwort: Stop-Loss-Marken sind Verkaufsorders, die nur ausgeführt werden, wenn ein bestimmter Kurs des betreffenden Wertpapiers berührt oder unterschritten wird. Dann verkauft das System automatisch, ohne dass Sie noch etwas dafür unternehmen müssen. Bleibt der Kurs dagegen über der Stop-Loss-Marke, wird das betreffende Wertpapier auch nicht verkauft.

Um eine Stop-Loss-Marke zu setzen, müssen Sie also eine Verkaufsorder aufgeben. Bei »Orderart« wählen Sie »Stop Loss«. Als Limit setzen Sie dann den Kurs ein, der in einem Abwärtstrend zu einem automatischen Verkauf führen soll.

Achtung: Welchen Kurs Sie bekommen, können Sie nicht beeinflussen

Verkauft wird dann auf jeden Fall – unabhängig davon, ob sich die Kurse nachher wieder erholen oder weiter sinken. Verkauft wird außerdem stets zum nächsten gültigen Börsenkurs. Der kann bei einem rapiden Kurssturz deutlich tiefer sein als die Stop-Loss-Marke. Ein 100-Prozent-Schutz gegen Verluste ist eine Stop-Loss-Order also nicht.

Stop-Loss-Marken – sinnvoll oder nicht?

Frage: Ein Bekannter von mir, der schon seit mehreren Jahren an der Börse aktiv ist, schwört auf Stop-Loss-Marken. Wie sehen Sie das?

Antwort: Eine Stop-Loss-Order ist manchmal ein hilfreiches Instrument, aber keine Wunderwaffe gegen Verluste. In vielen Einführungsratgebern zum Thema Börse wird empfohlen, konsequent automatische Stop-Loss-Marken zur Verlustbegrenzung zu setzen. Die Erfahrungen aus der täglichen Börsenarbeit haben allerdings gezeigt, dass es keinen 100-Prozent-Risikoschutz gibt und nicht einmal theoretisch geben kann. Gängige Strategien zur Risikobegrenzung und Gewinnabsicherung klingen zunächst plausibel. Als Faustformel wird stets genannt: Nach dem Kauf eines Wertpapiers solle man rund 20 bis 30 Prozent unter dem Einstiegskurs eine Stop-Loss-Marke setzen. Das Verlustrisiko sei dann auf diese 20 bis 30 Prozent begrenzt. Steigt der Kurs geradlinig nach oben, könne die Stop-Loss-Marke überdies zur Gewinnabsicherung eingesetzt werden. So bestehe kein Grund zur Befürchtung, dass sich dieser schöne Gewinn wieder in Luft auflöst. Gleichzeitig könne man aber von einem weiteren Anstieg der Aktie profitieren, ohne vorzeitig aussteigen zu müssen. So werde nach und nach ein immer höherer Gewinn abgesichert.

Diese Strategie hat aber Schwachstellen. Denn eine Stop-Loss-Marke, die 20 Prozent unter dem Einstiegskurs liegt, begrenzt den maximal möglichen Verlust nicht (!) auf 20 Prozent. Denn der Verkauf erfolgt automatisch, sobald die Marke berührt oder unterschritten wurde – und zwar zur nächsten gültigen Kursfeststellung. Die Börse ist ein Markt, auf dem Angebot und Nachfrage den Preis bestimmen. Falls nach der Aktivierung der Stop-Loss-Marke die nächste Nachfrage erst bei einem Kursniveau 50 Prozent unter dem alten Kurs liegt, erhalten Sie auch nur diesen Preis. Sie haben kein Recht darauf, dass Ihre Aktien zum Stop-Loss-Preis verkauft werden. Dazu kommt: Unlimitierte Orders (also Orders ohne Limits oder Stop-Loss-Marken) werden immer vorrangig ausgeführt. Bei einer wahren Verkaufswelle befördert ein Stop-Loss-Limit Ihre Order also auf einen der hinteren Ränge. Diese kleine, aber entscheidende Einschränkung zeigt: Mit Stop-Loss-Orders können Sie Ihr Depot nicht zu 100 Prozent wirkungsvoll absichern.

Setzen Sie mentale Stop-Loss-Marken

Eine Alternative zu den automatischen Stop-Loss-Orders sind mentale Stop-Loss-Marken. Diese setzen Sie, wo Ihre persönliche »Schmerzgrenze« liegt. Anders als bei der automatischen Stop-Loss-Order geben Sie bei Ihrer Depotbank jedoch noch keine Verkaufsorder auf. Sie notieren die mentale Stop-Loss-Marke und beobachten anschließend die Kursentwicklung. Steigt der Kurs, ist alles in bester Ordnung. Sinkt der Kurs dagegen in Richtung Stop-Loss-Marke, ist Handeln gefragt. Recherchieren Sie, warum der Kurs gefallen ist.

• Wenn es in einem positiven Börsenumfeld schlechte Unternehmensnachrichten gibt, ist ein Verkauf sinnvoll. Etwa wenn die Gewinne sinken oder das Management einen Zickzackkurs fährt.

• Wird das Unternehmen aber wegen eines allgemeinen Kurssturzes nach unten gezogen, sieht es anders aus. Hier bietet sich unter Umständen statt eines Verkaufs eine Halte- oder in Ausnahmefällen sogar eine Nachkaufstrategie an.

Es gibt allerdings eine Anlageklasse, bei der Sie auf automatische Stop-Loss-Marken setzen und diese den mentalen Marken vorziehen sollten: Hebelprodukte. Das können zum Beispiel Optionsscheine oder auch Hebelzertifikate sein. Denn bei diesen Anlageinstrumenten können Sie eine allgemeine Marktschwäche – anders als bei Aktien und Fonds – nicht aussitzen – die Kursänderungen sind einfach zu rapide und bei Hebelzertifikaten bedeutet zusätzlich das Erreichen der Knock-out-Schwelle einen Totalverlust. Hier sind automatische Stop-Loss-Orders tatsächlich sinnvoll.

Stop-Loss-Marken – eine Kostenfalle?

Frage: Was kosten Stop-Loss-Orders. Droht mir dabei eine Kostenfalle?

Antwort: Das kann sein, muss aber nicht sein. Es kommt auf Ihren Broker an. Verlangt dieser Geld für »unausgeführte Orders«, dann kann es teuer werden. Diese liegen ungefähr bei 2,50 Euro pro Monat und unausgeführter Order. Wählen Sie deshalb unbedingt einen Broker, der diesen Service kostenfrei anbietet. So sparen Sie sich unnötige Kosten. Das Gleiche gilt übrigens für Änderungen und Streichungen Ihrer Stop-Loss-Order. Denn auch hier verlangen manche Broker Gebühren. Wenn Sie Limits also zum Beispiel an das gestiegene Kursniveau anpassen möchten, lassen manche Broker sich diese Orderänderung ebenfalls vergüten.

Tipp: Nutzen Sie den Trailing Stop Loss

Nutzen Sie stattdessen Trailing Stop Loss. Viele Broker bieten inzwischen die Möglichkeit, eine sogenannte Trailing-Stop-Loss-Marke zu setzen. Der Unterschied: Hier steigt das Stop-Loss-Limit mit dem steigenden Kurs. Ob der Abstand dieses Limits zum Kurs des betreffenden Wertpapiers prozentual immer gleich bleibt oder einen festen Abstand in Euro hat, können Sie selbst auswählen.

Wie verhalte ich mich bei Verlusten?

Frage: Ich bin gerade erst ins Geldanlagegeschäft eingestiegen und noch recht unerfahren. Obwohl ich mich meiner Meinung nach sehr gut informiere, kommt es häufig zu Verlusten bei meinen Investments. Hier merke ich immer wieder, wie diese mich aus der Bahn werfen. Haben Sie einen Tipp, wie ich am besten mit so einer Situation umgehe?

Antwort: Merken Sie sich als wichtigste Regel, dass Sie nie alten Höchstkursen nachtrauern sollten! Wenn Sie bei Verlusten in eine Schockstarre verfallen, schauen Sie dadurch zu, wie Ihre Wertpapiere immer mehr

Verluste einfahren. Das sollten Sie umgehen. Stellen Sie dazu jede Position in gesunden Zeitabständen in Frage. Bewerten Sie sie neu nach der aktuellen Nachrichtenlage. Überlegen Sie so objektiv wie möglich, ob Sie diesen Wert auch heute noch kaufen würden. Wenn das nicht der Fall ist: Trennen Sie sich von diesem Wert.

Das fällt übrigens den meisten Anlegern schwer. Denn psychologisch ist es gar nicht so leicht, Wertpapiere mit Verlust zu verkaufen. Sie haben es wahrscheinlich auch schon erlebt: Die Hoffnung, den Einstiegskurs wieder zu erreichen, ist größer als die Furcht vor weiteren Verlusten. Überwinden Sie diese Verkaufsblockade. Sie führt nur zu einer unnötigen Ausweitung Ihrer Verluste.

Zum Abschluss eine dringende Warnung vor einer teuren Börsenfalle

Ist ein Wertpapierkauf auf Kredit ratsam oder ist das Risiko zu hoch?

Frage: Ich spiele gerade mit dem Gedanken, das Angebot meiner Bank anzunehmen und mir zusätzliches Geld für Börsengeschäfte zu leihen. Was sagen Sie dazu? Würden Sie mir die Kreditaufnahme empfehlen?

Antwort: Nein, ganz und gar nicht. Kaufen Sie Aktien und sonstige Wertpapiere nie auf Kredit! Wenn Sie mit dem Geld Ihrer Bank spekulieren, müssen Sie damit rechnen, dass sie den Hahn genau in der Krise zudreht. Ausgerechnet wenn die Kurse sinken, wird sie dann auf Rückzahlung bestehen. Das kann dazu führen, dass Sie zu extrem ungünstigen Kursen verkaufen müssen und große Verluste einfahren.

Fallen Sie bitte nicht auf das Lockangebot einiger Depotbanken herein. In guten Zeiten verleihen diese sehr gerne Geld für Börsengeschäfte. Das bringt den Banken zusätzliche Transaktionsgebühren und Einnahmen durch die Sollzinsen für den Kredit.

Einige Banken werben sogar sehr offensiv für kreditfinanzierte Wertpapiergeschäfte, etwa indem Sie den zusätzlich verfügbaren Finanzrahmen auf Ihrer Depotseite einblenden. Rein rechnerisch lässt sich damit tatsächlich die Eigenkapitalrendite (also den Gewinn bezogen auf das eingesetzte Eigenkapital) nach oben hebeln. Aber das funktioniert nur, wenn die Gewinne aus dem Wertpapierhandel höher sind als der Kreditzins.

Beispiel

Sie haben Ihr gesamtes Kapital bereits investiert. Dadurch zeigt Ihr Verrechnungskonto einen Wert von 0 Euro an. Ihr Aktiendepot hat hingegen aktuell einen Wert von 100.000 Euro. Ihr zusätzlicher Finanzrahmen wird mit 10 Prozent der Depotsumme beziffert. Sie haben für Börsengeschäfte also 10.000 Euro zusätzlich zur Verfügung – als Kredit. Doch Vorsicht! Nehmen Sie dieses Angebot nicht blauäugig an. Denn zum einen kassieren die Banken für diese Wertpapierkredite in der Regel überdurchschnittlich hohe Zinsen. Damit laufen Sie also direkt in die Kostenfalle und zahlen Geld, das Sie sich normalerweise sparen könnten. Zum anderen droht Ihnen mit der Annahme dieses Kreditrahmens eine selbstverschuldete Abwärtsspirale. Angenommen ein Kurssturz führt dazu, dass Ihr Depot 20 Prozent an Wert verliert. Genau diese Situation könnte Auslöser dafür sein, dass Sie mitten in der Korrekturphase eine Position zu schlechten Konditionen gegen Ihren Willen verkaufen müssen. Zum Hintergrund: Ihr Depot hatte vorher einen Stand von 110.000 Euro. Diese Summe setzte sich aus 100.000 Euro altem Depotwert plus 10.000 Euro auf Kreditbasis gekaufter Aktien zusammen. Nach dem 20-prozentigen Kursrückgang kosten die Aktien in Ihrem Depot nur noch 88.000 Euro. Und genau hier lauert die Gefahr. Denn dann schlägt die Bank zu. Da Ihr Kreditrahmen bei 10 Prozent der Depotsumme liegt, dürften Sie nur einen Kredit in Höhe von 8.800 Euro in Anspruch nehmen. Sie haben sich aber 10.000 Euro geliehen. In solch einem Fall wird die Bank mit sehr hoher Wahrscheinlichkeit einen Teil des geliehenen Geldes, nämlich 1.200 Euro, zurückverlangen. Dafür müssen Sie womöglich ausgerechnet zu Tiefstkursen eine Depotposition ganz oder teilweise verkaufen. Diese Verluste haben Sie dann zu verkraften. Doch damit nicht genug. Denn durch den Verkauf einer Position verringert sich wieder Ihr Depotwert und Ihr Kreditrahmen. So kann schon in einer leichten Korrekturphase eine Abwärtsspirale einsetzen und Ihre Verluste sich immer weiter vergrößern. Daher noch einmal die Warnung: Meiden Sie strikt Wertpapiergeschäfte auf Kreditbasis. Damit haben sich sogar schon Nobelpreisträger die Finger verbrannt.

Stellen Sie uns Ihre Börsenfrage!

Wir haben für dieses Buch mehrere 1.000 Fragen ausgewertet, die uns im Verlauf unserer finanzjournalistischen Arbeit gestellt wurden. Dennoch gibt es immer wieder neue Aspekte, die unsere Leser aufbringen. Ihre Frage nehmen wir gerne in der Neuauflage dieses Buches auf. Auch für Anregungen sind wir dankbar.

Unsere Kontaktdaten

Schicken Sie uns eine E-Mail an eine der folgenden Adressen:

- engst@finanzbuchverlag.de
- morrien@finanzbuchverlag.de

Vielen Dank schon jetzt für Ihre Mitwirkung!

Glossar

Abgeltungssteuer

Die Abgeltungssteuer wird seit dem Jahr 2009 einheitlich auf alle Kapitalerträge erhoben. Ausgenommen sind nur Kursgewinne von Wertpapieren, die Sie 2008 oder früher gekauft haben (bei Zertifikaten gilt ein früherer Stichtag, nämlich der 14. März 2007). Wenn Sie Ihrer Bank einen → Freistellungsauftrag erteilt haben, bleibt auch der Sparerpauschbetrag von der Abgeltungssteuer befreit. Der Steuersatz liegt bei 25 Prozent plus Solidaritätszuschlag und gegebenenfalls Kirchensteuer. Insgesamt kommen so bis zu 28 Prozent zusammen.

Ad-hoc-Mitteilung

Alle Anleger – ob groß oder klein – sollen die Möglichkeit haben, auf Meldungen, die den Kurs eines Unternehmens beeinflussen können, umgehend zu reagieren. Aus diesem Grund sind börsennotierte Aktiengesellschaften verpflichtet, entsprechende Vorkommnisse sofort bekannt zu machen. Dazu dienen die Ad-hoc-Mitteilungen.

Aktie

Als Aktionär erwerben Sie einen Anteil an einer → Aktiengesellschaft, der in einer Aktie verbrieft ist. Damit erhalten Sie gleichzeitig ein Stimmrecht und ein Recht auf eine Beteiligung an den Erfolgen, die das Unternehmen erwirtschaftet.

Aktienfonds

Ein Fonds, der ausschließlich in → Aktien investiert.

Aktiengesellschaft

Bei einer Aktiengesellschaft (AG) ist das Grundkapital in Anteile, sogenannte → Aktien aufgeteilt, die an der → Börse gehandelt werden können. Hintergrund ist die Beschaffung von → Eigenkapital. Aktienkurse
schwanken im Wert – je nachdem, wie gut das Unternehmen wirtschaftet
oder auch wie die psychologische Gesamtlage an den Börsen ist.

Aktienindex

Ein Aktienindex repräsentiert eine Auswahl bestimmter → Aktien, etwa
aus einem bestimmten Land oder einer speziellen Branche. Dazu wird
aus den Kursen dieser Aktien über verschiedene Verfahren eine Kennzahl
errechnet, die die Entwicklung dieses speziellen Marktsegments widerspiegelt. Die bekanntesten Indizes sind der → DAX, der die 30 wichtigsten deutschen Aktien enthält, oder der → Dow Jones für den US-
amerikanischen Markt.

Aktienrendite / Kapitalrendite

Wenn Sie wissen wollen, was Sie effektiv an Ihren Wertpapieren verdient haben, berechnen Sie die Aktien- bzw. Kapitalrendite. Basis der
Berechnung ist das eingesetzte Kapital, der Ertrag setzt sich zusammen
aus → Dividenden und Zinsen. Hinzu kommen noch Kursveränderungen
und die sonstigen Erträge.

Aktien-Split

Durch einen Aktien-Split will ein Unternehmen seine → Aktien optisch
billiger machen. Dazu werden die vorhandenen Aktien geteilt und so vermehrt. Ein Aktien-Split im Verhältnis 1 zu 3 heißt, dass der Kurs der
Aktie durch 3 geteilt wird, die Zahl der Aktie dagegen mit 3 multipliziert.
Für Sie als Anleger bedeutet dieser Vorgang: Der einzelne Anteil am Unternehmen (repräsentiert durch eine Aktie) wird kleiner, dafür aber haben
Sie eine größere Anzahl Aktien im → Depot.

Anleihe

Unter einer Anleihe (engl.: Bond) versteht man ein festverzinsliches Wertpapier. Darunter fallen etwa Staatsanleihen, Unternehmensanleihen, Pfandbriefe usw. Der Emittent der Anleihe, ein Staat oder ein Unternehmen, und der Anleger vereinbaren dabei einen festen Zinssatz, zu dem Letzterer sein Geld zur Verfügung stellt, sowie eine feste Laufzeit, für die das Kapital zur Verfügung steht. Meist erfolgt einmal im Jahr eine Zinsausschüttung. Anleihen unterliegen während der Laufzeit Kursschwankungen, die jedoch in der Regel geringer ausfallen als bei → Aktien. Als Anleger sollten Sie sich vor dem Kauf einer Anleihe unbedingt über die → Bonität des Emittenten informieren.

Asset

Als Assets werden die Wertpapierklassen, die sich in einem → Depot befinden, bezeichnet. Darunter fallen z. B. → Aktien, → Anleihen, Immobilien und → Fonds.

Baisse

Fallen über einen längeren Zeitraum hinweg die Kurse an der → Börse oder in einzelnen Bereichen, ist die Rede von einer Baisse. Man könnte sagen: Eine Baisse ist eine Kursflaute, die über längere Zeit anhält. Das Gegenteil dazu ist eine → Hausse.

Bär

Mit »Bär« wird ein Anleger bezeichnet, der auf fallende Kurse setzt. Die Frage, woher dieser Begriff kommt, lässt sich nicht eindeutig beantworten. Am geläufigsten ist folgende Erklärung: Wird der Bär angegriffen, schlägt er mit der Pranke von oben nach unten. Diese Bewegung wurde für sinkende Kurse übernommen. Das Gegenstück ist der → Bulle. Beide Tiere wurden übrigens in früheren Zeiten in Arenen gegeneinander gehetzt.

Basiswert

Derivate, also abgeleitete Wertpapiere, beziehen sich immer auf einen Basiswert. Das kann eine → Aktie, ein → Index, aber auch ein Rohstoff sein. Von der Entwicklung des Basiswerts hängt die Entwicklung des → Derivats ab.

Bestens

Order-Zusatz, wenn ein Verkauf an der → Börse ohne → Limit durchgeführt werden soll (zu empfehlen sind immer Verkäufe mit Limit).

Bilanz

In einer Bilanz finden Sie eine Gegenüberstellung des Vermögens eines Unternehmens (Mittelverwendung = Aktiva) und des Kapitals (Mittelherkunft = Passiva) zu einem bestimmten Stichtag. Aus diesem Instrument lässt sich erkennen, wie gesund das Unternehmen ist und welche zukünftige Entwicklung es voraussichtlich nehmen wird. Die Bilanz bildet gemeinsam mit der Gewinn-und-Verlust-Rechnung den Jahresabschluss.

Billigst

Order-Zusatz, wenn ein Kauf an der → Börse ohne → Limit durchgeführt werden soll (zu empfehlen sind immer Käufe mit Limit).

Blue Chips

Als Blue Chips werden an der → Börse jene → Aktien bezeichnen, die als besonders solide und werthaltig gelten (qualitative Einordnung), oder besonders große Unternehmen mit einer hohen → Marktkapitalisierung (quantitative Einordnung). In der Regel sind es die Aktien der größten Unternehmen eines Landes, die sich dann auch im jeweiligen Standard- → Index des Landes wiederfinden. Ursprünglich stammt der Begriff aus dem Spielkasino, in dem die blauen Jetons den höchsten Gegenwert in Geld repräsentieren.

Bond

→ Anleihe

Bonität

Mit der Bonität wird die Fähigkeit eines Schuldners, also etwa eines Anleiheemittenten, bezeichnet, seine Schulden auch bedienen, also bezahlen zu können. Wenn Sie eine → Anleihe, ein → Zertifikat oder einen → Optionsschein kaufen wollen, sollten Sie die Bonität des Emittenten unbedingt überprüfen. Ermittelt wird diese in der Regel von Ratingagenturen. Ratings wie Aaa bzw. AAA bedeuten, dass es sich um einen exzellenten Schuldner handelt, bei dem keine Schwierigkeiten zu erwarten sind, wenn die Zinsen oder der Gesamtbetrag fällig werden. Schlechtere Ratings wie z. B. BB+ sprechen dafür, dass es zu Ausfällen bei den Zinszahlungen oder Rückzahlung kommen kann. Allerdings sollten Sie sich nie allein auf die Einschätzung einer Ratingagentur verlassen, denn diese kann auch mal daneben liegen. Prominentes Beispiel: Die US-Bank Lehman Brothers besaß noch kurz vor der Pleite die Bestnote AAA.

Boom

Wenn an der → Börse die Kurse extrem ansteigen, ist von einem Boom die Rede. Allerdings folgt auf einen Boom oft der → Crash.

Börse

Die Kurse, also Preise, von Wertpapieren und Terminkontrakten werden durch Angebot und Nachfrage bestimmt. Der Handelsplatz, an dem Käufer und Verkäufer aufeinandertreffen, ist die Börse.

Börsenkrach

→ Crash

Börsenplatz

Orderangabe dazu, wo ein Wertpapier ge- oder verkauft werden soll (in Deutschland zum Beispiel: → Xetra, Frankfurt, Stuttgart, München, Berlin, Hamburg).

Briefkurs

Zu diesem Kurs können Sie ein Wertpapier (→ Aktie, → Zertifikat) an der → Börse kaufen. Der Preis, zu dem Sie verkaufen können, wird → Geldkurs genannt.

Broker

Ein Broker ist ein Börsenmakler, der die → Aktien seiner Kunden kauft und verkauft. Ebenso heißen aber auch Depotbanken, die für ihre Kunden Wertpapiere verwalten und entsprechende Orders ausführen, Broker. Das gilt insbesondere für die Direktbanken, die die Aufträge ihrer Kunden per Telefon, Fax oder Internet entgegennehmen und abwickeln.

Buchgewinn

Der aktuelle Kurs liegt über dem Kaufkurs. Dieser → Gewinn wurde jedoch noch nicht durch einen Verkauf zu einem echten (realisierten) Gewinn.

Buchverlust

Der aktuelle Kurs liegt unter dem Kaufkurs. Dieser Verlust wurde jedoch noch nicht durch einen Verkauf zu einem echten (realisierten) Verlust.

Buchwert

Das Vermögen einer → Aktiengesellschaft abzüglich ihrer Schulden.

Buchwert je Aktie

Das Vermögen einer → Aktiengesellschaft abzüglich der Schulden – umgerechnet je → Aktie.

Bulle

Mit »Bulle« wird ein Anleger bezeichnet, der auf steigende Kurse setzt. Das Gegenstück ist der → Bär. Der Begriff hat seinen Ursprung im Angriffsverhalten des Bullen, der im Kampf mit seinen Hörnern nach oben stößt.

Call

Englische Bezeichnung für Kaufoptionsschein. Wörtlich bedeutet »Call« rufen oder fordern. Der Inhaber eines Calls hat somit das Recht, den → Basiswert zu einem vorher festgelegten Preis zu fordern und auch zu bekommen.

Cashflow

Der Cashflow ist eine Kennzahl, die über die Liquidität und die finanzielle Entwicklung eines Unternehmens Aufschluss gibt. Sie zeigt, wie viel liquide Mittel das Unternehmen aus eigener Kraft erwirtschaftete.

Chart

Ein Chart zeichnet den historischen Kursverlauf eines Wertpapiers oder eines → Indexes in einem bestimmten Zeitraum nach. Dabei können mehrere Jahrzehnte betrachtet werden, aber auch sehr kurze Zeitspannen, etwa ein Tag.

Chartanalyse (= Charttechnik)

→ Technische Analyse

Crash

Der Crash ist das Gegenteil eines → Booms, nämlich der radikale Absturz der → Aktien nach einem Boom. Dies kann einzelne Aktien betreffen; brechen alle oder fast alle Aktien ein, ist auch die Rede von einem Börsencrash.

Dachfonds

Ein → Fonds, der ausschließlich in andere Fonds investiert (nicht in einzelne → Aktien oder → Anleihen). Ein Schwachpunkt: Es fallen durch die zwei Fondsebenen mehrfach Gebühren an.

DAX

DAX ist die Abkürzung von Deutscher → Aktienindex. Er ist der wichtigste deutsche Börsenindex, wurde am 1. Juli 1988 zum ersten Mal berechnet und repräsentiert die 30 wichtigsten deutschen → Aktiengesellschaften. Der DAX ist ein gewichteter → Performance-Index, die Gewichtung der Mitgliedsunternehmen wird nach der → Marktkapitalisierung und dem → Streubesitz vorgenommen. Die Zusammensetzung des DAX wird regelmäßig angepasst.

Daytrading

Handelsstrategie, bei der in sehr kurzer Zeit – oft am gleichen Tag – ein Wertpapier ge- und wieder verkauft wird.

Depot

Wer Wertpapiere kauft und verkauft, braucht dafür einen Ort der Verwahrung. Dies ist ein Depot, das damit zur Grundvoraussetzung für die Teilnahme am Wertpapierhandel wird. Als Anleger können Sie ein Depot bei jeder Bank eröffnen. Bei Filialbanken müssen Sie mit Depotgebühren rechnen. Viele Direkt-Broker hingegen verzichten auf entsprechende Gebühren.

Derivat

Ein Finanzinstrument, das von einem → Basiswert (→ Aktie, → Index, Rohstoff, Währung) abgeleitet wird. → Zertifikate und → Optionsscheine gehören zur Gruppe der Derivate.

Diversifizierung

Um das Risiko eines Kapitalverlustes zu begrenzen, sollten Sie als Anleger Ihr Kapital auf verschiedene → Aktien oder Anlageformen (Aktien, → Anleihen, → Fonds) verteilen und darauf achten, dass diese Anlageformen nicht alle gleich auf verschiedene Börsenszenarien reagieren. Dieser Vorgang nennt sich Diversifizierung.

Dividende

Die Dividende ist der Anteil am Gewinn der → Aktiengesellschaft, der pro → Aktie an die Aktionäre ausgeschüttet wird. Seit 2009 müssen Sie auf Dividenden → Abgeltungssteuer bezahlen. Haben Sie einen → Freistellungsauftrag erteilt, bleibt zumindest ein Teil steuerfrei.

Dividendenrendite

Mit der Dividendenrendite wird sozusagen die »Verzinsung« einer → Aktie bezeichnet. Sie ist der prozentuale Anteil der ausgeschütteten → Dividende am Kaufkurs der Aktie.

Dow Jones

Der Dow Jones ist der älteste → Aktienindex der Welt und auch heute noch einer der wichtigsten Indizes der Börsenwelt. Vollständig lautet sein Name Dow Jones Industrial Average. Er repräsentiert die 30 wichtigsten → Aktien der USA und zeigt deren durchschnittliche Entwicklung.

Eigenkapital

Position in der → Bilanz. Das Eigenkapital repräsentiert den Anteil der Eigentümer (bei einer AG die Aktionäre) am Vermögen des Unternehmens.

Eigenkapitalquote

Der Anteil des → Eigenkapitals an der Bilanzsumme. Faustformel: Eigenkapitalquoten über 30 gelten als solide.

Emerging Markets

Als Emerging Markets werden an der → Börse die aufstrebenden Märkte bezeichnet (auch Schwellenländer oder Wachstumsmärkte). Es gibt spezielle → Fonds mit dem Schwerpunkt Emerging Markets.

Emission

Als Emission wird die Ausgabe von → Aktien an Anleger bezeichnet, wenn ein Unternehmen an die → Börse geht. Ebenso heißt die Ausgabe von → Anleihen durch einen Staat oder ein Unternehmen sowie von → Zertifikaten und → Optionsscheinen Emission.

ETF

Die Abkürzung steht für »Exchange Traded Funds«, also börsengehandelte → Indexfonds. ETFs sind die gängigste Form von Passivfonds. Hier wählt kein Fondsmanager einzelne → Aktien aus, sondern der → Fonds ist eine originalgetreue Nachbildung eines bestimmten → Index wie beispielsweise des → DAX oder → Dow Jones.

EuroStoxx 50

Der EuroStoxx 50 ist ein → Aktienindex, der die 50 größten Aktienwerte aus den Euroländern versammelt. Achtung: Gemeint ist dabei die Währungsunion. Europäische Länder, die den Euro nicht eingeführt haben, wie etwa Großbritannien, die Schweiz oder Norwegen, sind in diesem Index nicht vertreten.

Fonds

Bei einem Fonds zahlen viele Anleger in einen gemeinsamen Topf einer Fondsgesellschaft ein, aus dem dann verschiedene Wertpapiere gekauft werden. Durch die Streuung verringert sich das Risiko eines Kapitalverlusts. Die Papiere, die das Fondsvermögen bilden, bestimmen gemeinsam, ob der Fonds Gewinne oder Verlust zu verzeichnen hat, ob die Fondsanteile im Wert steigen oder fallen. Werden Zinsen oder → Dividenden ausgeschüttet, fließen diese dem Fondsvermögen zu und erhöhen den Wert der einzelnen Anteile.

Fondsmanager

Der Fondsmanager ist als Mitarbeiter einer Fondsgesellschaft für die Auswahl der Wertpapiere in einem oder in mehreren → Fonds verantwortlich. Betreut er einen aktiv gemanagten Fonds, wählt er im Rahmen des gegebenen Fondsthemas die Wertpapiere aus. Bei einem Pharmafonds sucht er also nach vielversprechenden Pharmawerten, bei einem Japan-Fonds nach entsprechenden Aktien japanischer Unternehmen usw. Bei einem passiv gemanagten Fonds hingegen wird ein → Index nachgebildet (→ Indexfonds).

Freistellungsauftrag

Mit einem Freistellungsauftrag bei Ihrer Bank oder Sparkasse stellen Sie sicher, dass Sie bis zu einem Betrag von 801 Euro für Ledige und 1.602 Euro für Verheiratete keine Kapitalertrags- bzw. → Abgeltungssteuer auf die Zinsen, → Dividenden und Kursgewinne, die Sie kassieren, zahlen. Erst auf Erträge, die diesen sogenannten Sparerpauschbetrag übersteigen, müssen Sie Steuern zahlen.

Fremdkapital

Die Summe der Schulden / Verbindlichkeiten in der → Bilanz. Das Fremdkapital errechnet sich aus der Bilanzsumme minus dem → Eigenkapital.

Fundamentalanalyse

Bei einer Fundamentalanalyse wird versucht, mithilfe von Unternehmensdaten wie → Bilanz, → Gewinn-und-Verlust-Rechnung, → Kurs-Gewinn-Verhältnis und Dividendenrendite sowie mithilfe von branchenbezogenen und gesamtwirtschaftlichen Daten eine Prognose zu stellen, wie sich der Kurs einer → Aktie entwickeln wird.

Geldkurs

Zu diesem Kurs können Sie ein Wertpapier (→ Aktie, → Zertifikat) an der Börse verkaufen. Der Preis, zu dem Sie kaufen können, wird → Briefkurs genannt.

Genussscheine

Spezielle Zinspapiere. Genussscheine besitzen Eigenschaften von → Aktien und von → Anleihen. Das Risiko ist größer als bei Anleihen, daher sind auch die Renditeaussichten höher.

Geschlossene Fonds

Unter geschlossenen Fonds werden Fonds verstanden, deren Anteilseigner zu Mitunternehmern werden. Entsprechende Anteile können nur während einer bestimmten Zeichnungsfrist erworben werden. Wenn genügend Kapital eingesammelt wurde, wird die Zeichnungsfrist beendet und die beabsichtigte Investition vorgenommen. Wer Anteile an einem geschlossenen Fonds erwirbt, muss diese in der Regel bis zum Ende der Laufzeit halten. Ein Verkauf an der → Börse ist nicht vorgesehen. Als Privatanleger sollten Sie um geschlossene → Fonds daher einen Bogen machen.

Gewinn

Der Gewinn ist die Differenz aller Einnahmen und aller Ausgaben. In der → Bilanz ist dies ein wichtiger Posten, der maßgeblich für die Kursentwicklung von → Aktien ist. Für den Gewinn gibt es verschiedene Begriffe und Definitionen, z. B. Jahresüberschuss, EBIT (Earnings before Interest and Taxes = Gewinn vor Steuern und Zinsen) und EBITDA (Earnings before Interest, Taxes, Depreciation and Amortisation = Gewinn vor Steuern, Zinsen und Abschreibungen).

Gewinnmitnahme

Viele Anleger verkaufen ihre Wertpapiere nach einem Kursanstieg, um so den → Gewinn zu realisieren – sie nehmen also einen Gewinn mit, statt zu riskieren, dass es später zu Kursverlusten kommt.

Gewinn-und-Verlust-Rechnung (GuV)

Zusammen mit der Bilanz stellt die Gewinn-und-Verlust-Rechnung den → Jahresabschluss einer Gesellschaft dar. Darin wird der Erfolg oder Misserfolg einzelner Unternehmenszweige sichtbar. In der GuV sind die Aufwendungen und Erträge in Form von Salden einzelner Erfolgskonten gegenübergestellt.

Hauptversammlung

Einmal im Jahr lädt eine → Aktiengesellschaft alle Aktionäre ein. Auf dieser Hauptversammlung treffen die Anteilseigner gemeinsam Entscheidungen und begutachten die Arbeit von Vorstand und Aufsichtsrat. Jede → Aktie (Ausnahme: → Vorzugsaktien) berechtigt dazu, eine Stimme abzugeben; je mehr Aktien jemand besitzt, desto größer ist also sein Einfluss auf das Unternehmen. Ein Aktionär kann sich aber auch durch seine Bank, eine Person seines Vertrauens oder durch eine Aktionärsschutzvereinigung vertreten lassen.

Hausse

Steigen über einen längeren Zeitraum hinweg die Kurse an der → Börse oder in einzelnen Bereichen an, ist die Rede von einer Hausse. Das Gegenteil dazu ist eine → Baisse.

Immobilienfonds

Immobilienfonds sind spezielle → Fonds, deren Fondsvermögen ausschließlich in Immobilien investiert wird. Die → Rendite ergibt sich aus den Mieteinnahmen und aus der Wertsteigerung der Immobilien im Fonds.

Index

In einem (Aktien-)Index befindet sich eine festgelegte Anzahl von → Aktien. Der deutsche Leitindex → DAX vereint zum Beispiel die 30 wichtigsten deutschen → Aktiengesellschaften.

Indexfonds

In einem Indexfonds sind in Zusammensetzung und Gewichtung exakt die → Aktien enthalten, die im abgebildeten → Index (z. B. → DAX, → EuroStoxx 50 oder → Dow Jones) vertreten sind. Die Entwicklung dieser → Fonds verläuft daher parallel zum Index (nur die Verwaltungskosten werden abgezogen). Interessant für Sie als Anleger ist auch, dass Indexfonds sehr günstig sind. Die wichtigsten Indexfonds sind die sogenannten → ETFs.

Indexstand

Ein Indexstand ist eine Kennzahl, die die Wertentwicklung in einem bestimmten Marktsegment wiedergibt. Dabei werden die Börsenkurse einer repräsentativen Mischung von → Aktien oder Rentenpapieren aus diesem Segment zugrunde gelegt.

Index-Zertifikate

Ebenso wie ein → Indexfonds bildet ein Index-Zertifikat den zugrunde liegenden → Index exakt ab, meist zu einem Zehntel oder einem Hundertstel. Steht der → DAX z. B. bei 7.000 Punkten, kostet ein → Zertifikat dann 700 oder 70 Euro. Allerdings sind Zertifikate Schuldverschreibungen des Emittenten, also einer Bank oder Versicherung. Während bei Indexfonds das Fondsvermögen als Sondervermögen bei einer Pleite des Emittenten geschützt ist, gibt es bei Index-Zertifikaten ein Emittentenrisiko. Wird das herausgebende Institut insolvent, haben Inhaber von Index-Zertifikaten keinen Anspruch auf Auszahlung.

Investment-Club

Bei einem Investment-Club legen private Anleger ein gemeinsames → Depot an. Im Idealfall haben die Teilnehmer an einem solchen Club unterschiedliche Interessen und Spezialgebiete, für die sie dann jeweils die notwendigen Hintergrundinformationen beschaffen.

IPO (= Initial Public Offering)

Geht ein Unternehmen an die →˙ Börse, ist auch von einem IPO die Rede. Die Abkürzung steht für »Initial Public Offering«. Übersetzt heißt das: erstes öffentliches Bieten, also der Zeitpunkt, zu dem erstmals →˙ Aktien an Investoren verkauft werden. Anschließend setzt der Handel mit diesen Aktien an den Börsen ein. Für die betreffenden Unternehmen bringt ein Börsengang einiges an Aufwand mit sich. So ist es z. B. zu zusätzlichen Informationen für die Anleger verpflichtet. Ziel eines IPO ist es, frisches Kapital für das Unternehmen einzusammeln.

ISIN (= International Security Identification Number)

Die ISIN ist die internationale Form der Wertpapierkennnummer (→˙ WKN). Anhand einer festen Folge von Buchstaben und Ziffern lässt sich ein Wertpapier eindeutig bestimmen. Wenn Sie eine Order aufgeben wollen, müssen Sie als erstes die ISIN oder die WKN eingeben.

Jahresabschluss

Das Handelsgesetzbuch (HGB) schreibt vor, dass am Ende eines Geschäftsjahres ein Abschluss der Buchführung erfolgen muss. Der Jahresabschluss eines Unternehmens setzt sich zusammen aus der →˙ Bilanz und der →˙ Gewinn-und-Verlust-Rechnung.

Kurs-Buchwert-Verhältnis (KBV)

Das Kurs-Buchwert-Verhältnis ist eine wichtige Kennzahl, wenn Sie →˙ Aktien vergleichen und bewerten wollen. Dazu teilen Sie den Kurs der Aktie durch den →˙ Buchwert je Aktie. Je höher die KBV ist, desto teurer ist die Aktie. Faustformel: Ein KBV unter 1 gilt als günstig (wobei eine einzelne Kennzahl nie reicht, um eine Aktie zu bewerten).

Kurs-Cashflow-Verhältnis (KCV)

Das Kurs-Cashflow-Verhältnis ist eine wichtige Kennzahl, wenn Sie →˙ Aktien mehrerer Unternehmen vergleichen und bewerten wollen. Dazu teilen Sie den Kurs der Aktie durch den →˙ Cashflow je Aktie. Je höher der KCV ist, desto teurer ist die Aktie. Das KCV gilt als das präzisere →˙ Kurs-Gewinn-Verhältnis (KGV).

Kurs-Gewinn-Verhältnis (KGV)

Das Kurs-Gewinn-Verhältnis ist eine wichtige Kennzahl, wenn Sie → Aktien vergleichen und bewerten wollen. Mit ihr errechnen Sie, wie oft ein erwirtschafteter → Gewinn pro Aktie im Aktienkurs enthalten ist. Dazu teilen Sie den Kurs der Aktie durch den Gewinn pro Aktie. Je höher der KGV ist, desto teurer ist die Aktie.

Kursindex

Ein Kursindex ist ein → Aktienindex, in dessen Verlauf nur die Kursgewinne, nicht aber die → Dividenden eingerechnet werden. Das Gegenteil von einem Kursindex ist ein → Performance-Index.

Kurs-Umsatz-Verhältnis (KUV)

Wenn ein Unternehmen keinen → Gewinn macht, sondern einen Verlust, lässt sich das KGV nicht berechnen. Oft wird dann zu Vergleichszwecken das Kurs-Umsatz-Verhältnis errechnet. Diese Kennzahl zeigt, wie häufig der Umsatz pro → Aktie an der → Börse gezahlt werden muss. Auch hier gilt: Ist der KUV hoch, ist die Aktie teuer.

Kurswert

Der Kurswert ist der Preis (z. B. in Euro), den Anleger aktuell für eine → Aktie bezahlen müssen. Der Kurswert ergibt sich durch Angebot und Nachfrage und wird an der → Börse ermittelt. Ist die Nachfrage auf dem aktuellen Kursniveau größer als das Angebot, wollen also mehr Anleger die Aktie kaufen als verkaufen, steigt der Kurswert und umgekehrt.

Leitzins

Der Leitzins eines Landes oder Währungsraumes gibt die untere Grenze des Zinssatzes an, zu welchem sich die Banken bei der Zentralbank gegen die Verpfändung sicherer Wertpapiere Geld leihen können, sprich, zu dem sie sich refinanzieren können, wie es in der Fachsprache heißt.

Limit

Ein Limit ist die Kursschwelle, bis zu der Sie ein Wertpapier kaufen oder ab der Sie ein Wertpapier verkaufen wollen. Dieses Limit können Sie

bei der Ordereingabe selbst festlegen. Vor allem, wenn Sie in → Akti-
en investieren, die nur wenig gehandelt werden, sind Limits sinnvoll. So
verhindern Sie, zu teuer zu kaufen oder zu billig zu verkaufen. Limitierte
Orders werden allerdings nachrangig ausgeführt. Zuerst werden Orders
mit der Orderart → »Billigst« beziehungsweise → »Bestens« ausgeführt.
Eine Besonderheit ist ein → Stop-Loss-Limit.

Marktkapitalisierung

Mit der Marktkapitalisierung ist der Wert eines Unternehmens an der
→ Börse gemeint. Dafür wird einfach die Anzahl der Unternehmensakti-
en mit dem aktuellen Börsenkurs multipliziert.

MDAX

Der MDAX ist der deutsche → Aktienindex, der die Entwicklung von
mittelgroßen deutschen Unternehmen widerspiegelt. Das M steht für
Mid Cap, also Mid Capitalization, übersetzt heißt das etwa mittelgroße
→ Marktkapitalisierung.

Mid Caps

Bezeichnung für → Aktien mit einer mittelgroßen → Marktkapitalisierung. Der passende → Index in Deutschland ist der → MDAX.

Nebenwerte

→ Small Caps

Optionsschein

Mit einem Optionsschein haben Anleger zum Beispiel die Möglichkeit,
eine bestimmte Menge → Aktien zu einem fixen Zeitpunkt zu einem
festgelegten Preis zu kaufen (oder zu verkaufen). Dabei kommt in der Regel ein Hebel zum Einsatz. Bei einem Hebel von 3 etwa steigt oder fällt
der Wert eines Optionsscheins dreimal so stark wie die zugrunde liegende
Aktie, die den → Basiswert stellt. Nur wer an den → Börsen spekulieren
will, sollte zu Optionsscheinen greifen.

Parkettbörse

Im Gegensatz zu vollelektronischen → Börsen wie etwa → Xetra werden an Parkettbörsen Kauf- und Verkaufsorder noch mit menschlicher Hilfe abgewickelt. Diese Aufgabe übernimmt ein Börsenhändler (= Makler). Er gleicht die verschiedenen Orders miteinander ab und legt daraufhin den Preis fest. In Deutschland sind z. B. noch die Frankfurter Wertpapierbörse und die Börsen in Stuttgart, München, Hamburg, Düsseldorf und Berlin Parkettbörsen.

Pennystocks

Pennystocks sind → Aktien, die an den → Börsen nur noch zu wenigen Cent gehandelt werden – daher stammt auch der Name, der wörtlich übersetzt »Pfennigaktien« bedeutet. Hinter den Pennystocks stehen oft → Aktiengesellschaften, die ihre Geschäftätigkeit aufgegeben haben. Hinter der Empfehlung solcher Papiere steckt meist reine Abzockerei, deshalb sollten Sie diese nur kaufen, wenn Sie vorher das Geschäftsmodell genau überprüft haben, einen Betrug ausschließen können und von einer positiven Entwicklung der Aktiengesellschaft überzeugt sind.

Performance

Welche → Gewinne und Verluste hat ein einzelner Anleger unter Berücksichtigung des eingegangenen Risikos gemacht? Darüber gibt die Performance Auskunft. Letztlich sollte diese immer positiv für das → Portfolio ausfallen, auch wenn einige → Aktien möglicherweise in der Verlustzone sind.

Performance-Index

Ein Performance-Index ist ein → Aktienindex, bei dessen Verlauf sowohl der Kurs als auch die gezahlten → Dividenden der einzelnen Mitglieder eingerechnet werden. Ein Performance-Index schneidet daher stets besser ab als ein → Kursindex.

Portfolio = Portefeuille

Portfolio ist die Gesamtheit aller Papiere im → Depot eines einzelnen Anlegers oder im Fondsvermögen. Dazu zählen alle → Aktien, Wertpapiere etc.

Präsenzbörse

→ Siehe Parkettbörse

Put

Englische Bezeichnung für Verkaufsoptionsschein. Das Wort »put« bedeutet eigentlich »platzieren«. Mit einem Put erwerben Sie das Anrecht, den → Basiswert für einen Preis an der → Börse zu platzieren, der von vornherein feststeht.

Rating

Beurteilung der → Bonität (Kreditwürdigkeit) durch eine Ratingagentur. Zu den großen internationalen Ratingagenturen gehören: Standard & Poor's, Moody's und Fitch. Die Bestnote für die größte Sicherheit lautet »AAA« (Triple A).

Rendite

Mit der Rendite wird der prozentuale → Gewinn pro Jahr ausgedrückt. So gibt die Kapitalrendite an, wie hoch der Jahresgewinn eines Investors ist, ausgedrückt in Prozent des eingesetzten Kapitals. Analog dazu gibt die Umsatzrendite an, welchen Gewinn das Unternehmen gemacht hat, ausgedrückt in Prozent des Umsatzes.

Renten

Anderer Begriff für festverzinsliche Wertpapiere, also beispielsweise → Anleihen.

Rentenfonds

Ein Rentenfonds ist ein gemanagter → Fonds, dessen Fondsvermögen überwiegend in festverzinslichen → Anleihen, in der Regel Staatsanleihen, investiert ist.

REX

Abkürzung für Deutscher Rentenindex. Darin sind 30 idealtypische → Anleihen, Obligationen und Schatzanweisungen der Bundesrepublik Deutschland enthalten.

SDAX

Der SDAX ist der deutsche → Aktienindex, der die Entwicklung von deutschen Unternehmen mit einer geringen → Marktkapitalisierung widerspiegelt. Das S steht für Small, also klein, übersetzt heißt das etwa geringe Marktkapitalisierung.

Shareholder Value

Die stetige Steigerung des Unternehmenswertes ist das Ziel des Managementprinzips des Shareholder Value. Dabei geht es vor allem um die Ausschüttung der → Dividende an die einzelnen Anteilseigner (Shareholders) und die Entwicklung des Aktienkurses.

Small Caps

Bezeichnung für → Aktien mit einer geringen → Marktkapitalisierung (auch Nebenwerte genannt). Der passende → Index in Deutschland: → SDAX.

Spread

Die Differenz zwischen Kauf- und Verkaufskurs (→ Brief- und → Geldkurs) an der → Börse.

Stammaktie

Wenn von → Aktien die Rede ist, sind meistens Stammaktien gemeint. Wer sie besitzt, hält einen Anteil an einer → Aktiengesellschaft, wird also Miteigentümer. Mit der Stammaktie erwirbt der Investor das Stimmrecht auf der → Hauptversammlung, ein Bezugsrecht für neue Aktien (sofern dies nicht ausdrücklich ausgeschlossen wird) sowie das Recht auf einen Anteil am Gewinn der Gesellschaft (→ Dividende).

Standard & Poor's 500

Der Standard & Poor's 500 (S&P 500) ist ein → Index, der den US-amerikanischen Markt widerspiegelt. Zu seiner Berechnung werden die Kurse der 500 größten → Aktiengesellschaften der USA herangezogen. Er zeigt damit ein genaueres Bild der US-Wirtschaft als der → Dow Jones.

Stop-Loss-Limit

Mit einem Stop-Loss-Limit legt ein Anleger fest, zu welchem Kurs ein Wertpapier automatisch aus seinem → Depot verkauft werden soll. Erreicht das Papier bei fallenden Kursen diesen Wert, wird ein Verkauf ausgelöst. Für den Anleger ist ein Stop-Loss-Limit ein Mittel, sich gegen Verluste abzusichern. Wichtig: Wer ein Stop-Loss-Limit setzen möchte, muss dafür eine Verkaufsorder aufgeben und bei der »Orderart« entsprechende Eingaben machen.

Streubesitz

Zum Streubesitz gehören alle → Aktien eines Unternehmens, die an der → Börse frei handelbar sind. Im Gegensatz dazu gibt es auch → Aktien, die sich fest in den Händen etwa der Familie der Mehrheitseigner, des Bundes oder des Managements des Unternehmens befinden.

Technische Analyse

Bei der technischen Analyse wird versucht, ausschließlich mithilfe bestimmter Indikatoren am Markt die Entwicklung einzelner → Aktien vorherzusagen. Dazu gehören etwa die Beobachtung des Börsenkurses in Form von Chartanalysen oder der Höhe der Umsätze einzelner Aktien.

Ultimo

Ein Orderzusatz, der besagt, dass der Auftrag bis zum Monatsende gelten soll (und nicht nur am heutigen Börsentag).

Umsatz

Beim Umsatz (auch Erlöse) werden alle Gelder, die durch Verkäufe erzielt wurden, zusammengefasst. Der Umsatz ist ein wichtiger Posten in der → Gewinn-und-Verlust-Rechnung (GuV).

Value-Aktie

Eine substanzstarke Qualitätsaktie.

VDAX

Der deutsche Volatilitätsindex misst die erwartete Schwankungsbreite der 30 → DAX-Werte. Je höher der Kurs des VDAX, desto stärker schwankt der deutsche Leitindex.

Verrechnungskonto

Wer ein Wertpapierdepot hat, hat auch ein Verrechnungskonto. Das Guthaben auf diesem Konto wird genutzt, um Wertpapiere zu kaufen, Verkaufserlöse werden darauf gutgeschrieben. Ebenso dient das Verrechnungskonto dazu, → Dividenden und Zinsen an den Investor auszuzahlen.

Volatilität

Volatilität ist die Bezeichnung für die Schwankungsanfälligkeit eines Börsenkurses innerhalb eines bestimmten Zeitraums. Ist ein Wertpapier sehr volatil, müssen Sie mit größeren Kursausschlägen nach oben und unten rechnen. Volatile Werte bringen damit auch meist ein höheres Risiko mit sich als Werte, deren Wert weniger schwankt.

Vorzugsaktie

Stimmrecht gegen spezielle Vorzüge – das ist der Deal, der sich hinter der speziellen Aktiengattung der Vorzugsaktien verbirgt. Meist erhalten Vorzugsaktionäre eine höhere → Dividende als Ausgleich für den Verzicht auf ihr Mitspracherecht in Unternehmensangelegenheiten. An der Hauptversammlung dürfen Vorzugsaktionäre trotz des fehlenden Stimmrechts teilnehmen.

WKN (= Wertpapierkennnummer)

Jedes Wertpapier muss eindeutig gekennzeichnet sein, um Missverständnisse auszuschließen. Dazu dient eine feste Folge von Ziffern und Buchstaben, die Wertpapierkennnummer (WKN). Diese brauchen Sie bei jeder Orderaufgabe.

Xetra

Xetra heißt das vollelektronische Handelssystem der Deutschen Börse AG. Ohne dass ein Makler eingreift, gleicht ein Computer alle vorliegenden Kauf- und Verkaufsorders miteinander ab und führt die Transaktion automatisch durch.

Zertifikat

Das sind Inhaberschuldverschreibungen, die meist von Banken emittiert werden. Sie können als Wertpapiere gekauft und ins → Depot gelegt werden. Zertifikate gehören zu den abgeleiteten Wertpapieren (→ Derivaten). Ihre Entwicklung wird – nach unterschiedlichen Rechenformeln – aus der Entwicklung eines → Basiswertes abgeleitet. Der Basiswert ist meist eine → Aktie, ein → Index, ein Rohstoff oder Edelmetall.

Zinskupon

So lautet die Bezeichnung für die Verzinsung, mit der eine → Anleihe ausgestattet ist. Früher, als Anleihen noch gedruckte Papiere waren, waren tatsächlich Kupons daran geheftet, die der Anleiheneigener beim Emittenten gegen Geld einlösen konnte. Das erklärt den Namen.

Die ideale Lektüre für Anleger, die investieren wollen!

Engst, Judith
Morrien, Rolf

Wie legt man Geld in Wertpapieren an? Die Grundlagen kennen Sie jetzt – nach der Lektüre des vorliegenden Buches. Aber es gibt noch viel Interessantes und Wichtiges zu erfahren. Darüber, wie Sie angesichts gekürzter Rentenansprüche und sinkender Erträge bei den Lebensversicherungen Ihren Vermögensaufbau selbst in die Hand nehmen – durch Börsen-Investments.

»Börse leicht verständlich« geht über die Inhalte des vorliegenden Buches hinaus. Sie bekommen handfeste Tipps, wie Sie zum erfolgreichen Anleger werden. Was genau Sie in diesem Standardwerk erwartet, lesen Sie im Inhaltsverzeichnis auf den folgenden beiden Seiten.

224 Seiten | Hardcover | 19,99 € (D) | 20,60 € (A) | sFr. 28,90 | ISBN 978-3-89879-630-9

Inhalt aus:
Börse leicht verständlich